賺錢，再自然不過

心理學造就90%股市行情，
交易心理分析必讀經典

TRADING IN THE ZONE

Master the Market with Confidence,
Discipline and a Winning Attitude

Mark Douglas

馬克・道格拉斯——著　劉真如——譯

Contents

導讀 一個全新的贏家心智系統 王力群 007
序言 養成交易贏家的心態 015
前言 思考方式對了，錢賺不完！ 018
交易態度調查表 023
第一章 成功之道——基本、技術或心理分析？ 027
起初是基本分析
轉向技術分析
再轉向心理分析
第二章 交易的誘惑與危險 048
吸引力

危險
安全措施
問題：不願意制定規則
問題：不能負責
問題：沉迷於隨機的報酬
問題：外在控制與內在控制

第三章 負責 072
塑造你的心理
對虧損的反應
贏家、輸家、旺家、衰家

第四章 持續一貫是一種心態 106
交易信念
真正了解風險

調整你的心理

第五章 認知的動力 122
為你的心智軟體除蟲
認知與學習
認知與風險
聯想的力量

第六章 市場觀點 148
不確定原則
市場最基本的特性

第七章 交易者的優勢——從機率角度思考 167
矛盾：隨機的結果、長期的成績

當下的交易
管理期望
消除情感上的風險

第八章　發揮信念的優勢　201
問題的定義
名詞的定義
基本事實和技巧的關係
走向「順境」

第九章　信念的本質　215
信念的起源
信念對人生的影響
信念與事實

第十章　信念對交易的影響　233
信念的基本特性
自我評估與交易
第十一章　像交易者一樣思考　260
機械階段
檢視自己
自律的角色
創造長期獲利的信念
練習：學習像賭場一樣利用優勢交易
獲勝的時刻來臨
交易態度調查表　304

導讀　一個全新的贏家心智系統

筆者二〇〇八年十月接觸到這本《賺錢，再自然不過！》，當下就驚為天人——為什麼？因為這本書寫的心法相當高層，如果參破這一關，就可以達到無畏的境界！

換言之，這本書非常獨特、非常優秀，而且——在幾個重要的交易心理觀念解說中，其詳細的深入程度讓人讚嘆。我建議每一個操作者都要知道它的心法涵義。

第一次閱讀此書時，心中不免感慨：這本書的作者馬克・道格拉斯到底是個怎樣的人？他怎麼可能既身為交易者，同時又身為心理學家？一般的交易者整日陶醉在交易技術中，不太知道心法的重要性；就算知道，也不清楚一個人要同時兼任「技術分析家」與「心理分析家」是多麼困難的事！然而，你愈是忽略心法，心法就愈是找你的麻煩；你愈是排斥它，就愈是被它的氛圍所籠罩；你愈是拒絕面對自己內心的陰暗面，你就愈是被自己的心魔給操控。

這本書非常重要，沒錯，但是我想跟各位讀者講的是：「各位讀者在第一次翻閱這本書的時候，可能會感到這本書很嚴肅——但是你不需要擔心，因為他寫作的態度極其認真，所以難免嚴肅。換言之：這本書乍看之下充滿嚴肅的論述，但那些文字絕對不是空泛的理論，而是一個真正經歷過無數實戰的交易員依據他自己的寶貴經驗所寫成的。」

那麼，本書所談論的是什麼呢？我把重點流程整理如下：

1. 你必須接受一個事實：因為市場中「任何事情都可能會發生」，所以你不可能每次都預測準確。

2. 既然你知道不可能每次都預測準確，所以你等於承認了自己是渺小又無知的，於是你將會放棄嘗試頻繁的預測。

3. 既然你放棄了預測，那麼，在每一個「當下」，你隨時隨地都準備迎接市場中「各種可能的變化」，也就是說：你坦然接受了市場的風險，猶如討海人敬畏大海那樣。

4. 既然你知道交易是有風險的，而且真正接受了風險，那麼，眼前一切的變化，都不會再讓你感到那麼恐懼。因為你知道這個市場是有風險的，而且，「任何稀奇古怪誇張的事」都可能會發生——既然你已經磨練出「見怪不怪」的贏家心態，那麼，面對盤勢任何極端的變化，你都可以坦然接受，不再恐懼。

5. 既然你清楚瞭解在市場中「任何稀奇古怪誇張的事」都可能會發生，那麼，你將會培養出一種「開放的心態」，願意去接納眼前的一切事物。

6. 是的！這種「全然開放的心靈」就是我們交易生涯中畢生追尋的目標——如果我們能夠「沒有成見」、「沒有執著」、「無所拘束」、「客觀超然」……如果我們能夠以「全然開放」的心態去觀察市場，就能看出以前我們看不出的東西！而那些東西，很可能就是市場中真正有價值的觀點。

7. 換言之：如果你的心靈被污染，就沒辦法用「全然開放的心靈」去檢閱市場，於是，你看到的、你聽到的……都很可能是垃圾！——被蒙蔽的眼睛，看不到真理。

8. 為什麼你的心靈會被蒙蔽？因為你的心智有污染！因為你的心智被你自己的

「妄想」給扭曲變形！

9. 為什麼你有妄想？因為你的潛意識中有偏邪的欲望、你對市場抱著不正確的思想（信念）——不論是欲望或者思想，都是一種負面的能量！這些負面的力量將會殺死對你有益的想法，進而阻撓你的正確的獲利行動。

10. 不要去嘗試全然消滅這種負面的能量！因為能量只能被轉移——你必須學習如何把「負面的力量」轉化為「新的思想系統的動力」，然後在此「新的思想系統」誕生出強大的、嶄新的力量。這個嶄新的力量將會幫助我們超脫恐懼、超脫煩惱，維持開放的心胸，然後讓我們真正進入贏家的心靈境界。

以上這十個項目，就是本書的心法大綱。然後，再依照這些大綱，向外擴大論述範圍，讓讀者更清晰地了解自己的內心意識，以及將來要朝哪些方向去努力。

為了讓讀者能夠快速進入狀況，我幫各位把書中的一些精要內容摘錄出來，讓大家對本書風格有個了解：

1. 如果你像贏家一樣接受風險，你看任何市場行為時，就不會覺得受到威脅。如果沒有東西威脅你，你就沒有應該害怕的東西，如果你不害怕，你就不需要勇氣，如果你沒有承受壓力，你為什麼需要鋼鐵般的意志？

2. 大部分從事交易的人認為：交易者是高明市場分析師的同義字——這一點極度背離事實！高明的市場分析對交易成就的確有幫助，也扮演支持的角色。但高明的市場分析不值得大多數交易者，錯誤地賦予這麼多的關注！

3. 他的頭腦通常會自動地在他不知不覺當中，促使他避開、攔阻或合理化他認為不可能出現的市場行為資訊。如果他認為什麼事情都可能發生，他的頭腦就不會避開任何事情，因為任何事情包括「所有的事情」，這種信念會變成一種力量，擴大他對市場的認知！讓他看出原本看不到的資訊！

4. 你必須相信每一手牌的結果都是不確定、無法預測……他們不需要知道下一步的變化，因此對每一手牌、每一次輪盤的轉動或每一次擲骰子，都不會賦予情感上或其他方面的特殊意義。換句話說：他們不會受不切實際的期望妨礙，不會期待下一步的變化，也沒有投入自尊心，不必非對不可……如果他們的樣本數夠大，持續地玩下去，最後他們一定是贏家。

5. 除非你花了必要的心力，「放棄」知道下一步會發生什麼事情，或放棄每一筆交易都必須正確無誤的需要，否則你不可能正確地思考！事實上，你認為「自己知道」、「假設自己知道」、或是「需要知道下一步會發生什麼事情」的程度，就等於你交易時的失敗程度！

6. 一般交易者極力想在根本沒有確定感的地方，創造確定感。諷刺的是：如果他完全接受「確定感不存在」的事實，他就會創造出他喜愛的確定感！也就是絕對確定「確定感不存在」。

7. 一般交易者在交易之前，不願意事先界定風險，是因為他相信沒有必要這樣做。他之所以會相信「沒有必要這樣做」，唯一的原因是他認為「自己知道下一步會有什麼變化」。

8. 一般交易者開始交易之前，會經歷說服自己是正確的過程，因為他們根本拒絕接受另一種事實（錯誤）。請記住：我們的頭腦經過進化，善於聯想，因此交易者在任何交易中犯錯，都可能聯想到生活中犯錯的其他經驗，任何交易都很容易促使交易者想起生活中犯錯所累積的痛苦。

9. 只要他們正常地把交易定義為機率遊戲，他們對任何交易結果的情感反應，會和一般交易者投擲錢幣，預測正面會向上，卻看到反面向上時預測錯誤的感覺一樣，對大部分人來說，預測投擲錢幣的結果錯誤時，應該不會使他們聯想到生活中犯錯時所累積的痛苦。

切記：本書的主題是「建立一個嶄新的心智系統」，既然要建立起新的，舊有的就一定要有所犧牲！對某些交易者而言，這種犧牲就是要他們放棄他們在市場裡憑著幻想拼湊起來的那一點虛榮。但是，如果你在下單時感到困惑、如果你在虧損時感到痛苦、如果你在抱單時感到煩躁，那麼，你的心智系統一定出了問題（絕大多數人不認為是自己出問題，而是市場的問題！——這真是大錯的思想），要解決這個大煩惱，你就必須嚴肅面對自己內心深處的意識，把病根挖出來，徹底改造自己的思考習慣。否則，你的痛苦就永遠沒有解決的一天、交易對你而言也變成一種脫離不了賠錢宿命的輪迴悲劇。

在未來的數年，我都會把這本書列為交易心理學最重要的必修教材之一。當然，我知道這本嚴肅而精密的著作一般讀者閱讀起來會有一點困難——這是因為你對心理學感到陌生之故。凡事總有第一次，總要有個開始，不要怕，我鼓勵大家讀下去。你不可能在幾天的時間裡把本書給吞下去，因為這本經典之作是為「想要成為長期獲利的真正贏家」所寫的，只要你還在交易，長期地、持續地不斷閱讀本書，一定會陸陸續續發現很多新的思想、新的靈感。這些新思想與新靈感將會幫助你持續進步而避免傲慢與墮落。

專職交易者　王力群

序言　養成交易贏家的心態

股市走多頭時，教人投資賺錢的書籍，同樣出現壯盛的多頭市場。各種構想蔚然成風，有些構想很好，有些不好；有些深具創意，有些只是新瓶裝舊酒。偶爾會有作家提出真正與眾不同、真正特別的東西，道格拉斯就是這種作家。

道格拉斯在這本難得一見的傑作《賺錢，再自然不過！》中，寫出了多年思考與研究累積的心得，對於把金融交易視為職業的人來說，這本書是經典之作。

本書深入探討我們交易時碰到的各種挑戰。對新手來說，最大的挑戰似乎就是找出賺錢的方法。新手一旦發現明牌、營業員的推薦、各種買賣建議都無效時，就會想說自己是不是需要一套可靠的交易策略，要不就加入會員花錢買操作建議。然後，交易應該會變得很輕鬆簡單，對吧？你只要遵照規則交易，白花花的鈔票就會自動落進你的口袋。

但是，這時，新手會發現交易可能變成是最令人沮喪的經驗。統計指出，九五%的期貨交易者在交易的第一年裡，把所有資金虧光。股票交易者通常也是同樣的結果，這就是為什麼大師經常指出，大部分股票交易者的投資績效，遠不如簡單的買進長抱策略。

為什麼有那麼多人在各自領域中極為成功，但一做起交易，就輸得這麼慘？成功的交易者難道是天生的？後天不能培養嗎？道格拉斯說不是，投資者真正需要的是學會交易者的心態。這點聽起來很容易，但事實上，跟人生經驗教我們的世界觀相比，我們對這種心態非常陌生。

你想一想，我們怎麼運用成長時學到的技巧，來應付日常生活的情況時，就會發現九五%的失敗率很有道理。當我們從事交易時，會發現我們過去所學：在學校爭取高分、在事業生涯上精進，和建立人際關係，這些能夠讓我們順利過好日子的技巧，在交易上都派不上用場。我們會發現，交易者必須學會從機率的角度思考，放棄我們在生活中各個層面追求成就所用的技巧。道格拉斯在本書中教我們怎麼學習，這本極為寶貴的書籍取材自他當交易員、在芝加哥當交易員訓練專家、作家以及交易心理學講師的親身經驗。

我有什麼建議嗎？有，就是好好地看道格拉斯這本書，養成交易贏家的心態。

哈特爾（Thom Hartle）

前言　思考方式對了，錢賺不完！

交易者的目標就是賺錢，但是真正長期持續賺錢的交易者非常少。為什麼只有一小部分交易者能夠持續獲利？我認為關鍵是心理因素，長期不斷獲利的人，思考方式跟大家都不同。

我從一九七八年開始做交易，當時我在密西根州底特律市郊區，經營一家商業意外險保險代理機構，事業很成功，自以為可以輕易地把這種成就轉移到交易上。不幸的是，我發現事實並非如此。到一九八一年，我對自己不能兼差進行有效的交易深感不滿，因此我搬到芝加哥，找到營業員的工作，替美林公司（Merrill Lynch）在芝加哥期貨交易所（Chicago Board of Trade）進行交易。我的表現如何？噢，搬到芝加哥不到九個月，我幾乎賠到脫褲子。我的虧損是交易活動和奢侈過活的結果，要過這種生活，身為營業員的我必須賺很多錢。

我從早年當營業員的經驗中學到很多，對自己的了解極為深入，對心理學在交易中扮演的角色也十分了解，因此到一九八二年，我開始寫第一本書《紀律的交易者》。我開始寫書時，還不知道寫書這麼難：要以別人能接受的方式，解釋自己了解的東西很難。我以為只要花六到九個月的時間，就可以把書寫好，結果我花了七年半的時間，到一九九〇年，書終於由培生教育出版公司（Prentice Hall）出版。

一九八三年，我離開美林，創設交易行為潛能顧問公司（Trading Behavior Dynamics），立刻開始推展和主持交易心理研討會，擔任一般人所說的交易講師，為世界各地的交易公司、票據交換所、證券商、銀行和投資研討會，上過無數次的課。我以個人化、一對一的方式，幾乎跟各種類型的交易者合作過，諸如，最大的場內交易員、避險專家、選擇權場內營業員、稅務師和新手之類的交易者等等。

寫作本書時，我精研交易背後的心理已經十七年，能夠發展有效的方法，教導正確的成功原則。我發現我們的思考方式有一個最基本的問題，就是我們的頭腦運作方式中，天生就有一些方式跟市場展現的特性不合。

交易者如果對自己的交易有信心，相信自己會毫不遲疑，會做該做的事情，就會成功。他們不再害怕詭譎多變的市場，學會注意能夠幫助他們看出獲利機會的資訊，而不是注意強化他們心中恐懼的資訊。

簡單地說，就是要學會相信下列重點：

- 相信要賺錢不需要知道下一刻會發生什麼事情。
- 相信什麼事情都可能發生。
- 相信每一刻都獨一無二，也就是每一種優勢和結果都是獨一無二的經驗。

交易不是成功就是失敗，無論如何，你都必須等待下一個優勢出現，重複進行這種程序。這樣你會用有秩序和非隨機的方式，學到什麼東西有用、什麼東西沒有用。同樣重要的是，你會建立自信，因此在具有無限特性的市場環境中，不會傷害自己。

大部分交易者在交易上碰到問題時，不相信原因出在他們的交易思考方式，明白地說，就是不相信問題是交易時思考方式的結果。我在第一本著作《紀律的交易者》裡，指出交易者的心理問題，然後建立一套投資哲學，讓交易者了解問題的本質和存在的原因。寫這本書時，我心裡有下列五大目標：

1. 向交易者證明更多、更好的市場分析，並不能保證在市場賺錢。
2. 說服交易者，相信態度和「心態」是決定交易成敗的因素。
3. 幫助交易者建立贏家心態所需要的特殊信念與態度——也就是教導交易者學習從機率的角度思考。
4. 針對自認為已經從機率角度思考，實際上做得並不完善的交易者，處理他們思想中的各項衝突、對立和矛盾。
5. 引導交易者，把這種思考策略，整合到心智系統的實用層面上。

本書意在提供嚴謹的心理方法，希望能協助你變成交易常勝軍。書中沒有提供交易系統，我比較希望讓你了解怎麼思考才能成為賺錢的交易者。我假定你已經擁有交易系統和優勢，你必須學習怎麼信任自己的優勢。優勢的意義是出現某種結果的機率高於另一種結果，你越有信心，交易起來越輕鬆。本書也提供你了解自己和交易性質所需要的訓練，這樣實際交易時，交易才會變得像觀察市場、考慮交易一樣輕鬆、簡單、沒有壓力。

為了判定「你的思考方式與交易者的差異」，請回答下列態度調查表。答案沒有對錯可言，卻可以顯示你的心態結構，與交易賺大錢所需要的思考方式有多大差距。

交易態度調查表

在閱讀本書之前，先認識自己的「交易態度」——請將同意的項目打勾，接著將答案放在一旁。待你看完本書的最後一章後，再勾選一次（印在書後的交易態度調查調表），你會發現二次勾選的結果大不相同。

□ 1. 從事交易要獲利，你必須知道市場的下一步走勢。

□ 2. 有時候，我認為一定有一種方法可以進行交易，卻不必認賠。

□ 3. 從事交易賺錢，是分析的主要功能。

□ 4. 虧損是交易中無可避免的一環。

□ 5. 我進行交易前，風險總是確定。

□ 6. 我認為要看出市場下一步的可能走勢，總是需要成本。

□ 7. 如果我不確定下一次交易會不會賺錢，我甚至不會開始交易。

□ 8. 交易者越了解市場和市場行為，交易起來越輕鬆。

□ 9. 我的方法正確地告訴我，在什麼市場狀況下應該進行交易或結束交易。

□ 10. 即使我看到應該反向操作的明確信號，實際做起來還是極為困難。

□ 11. 我的資金曲線總是有一段時間能保持持續上漲，然後就會急劇下跌。

□ 12. 我會說自己最早開始交易時，採用隨意的方法，意思是經歷很多痛苦後偶爾會成功。

□ 13. 我經常覺得市場跟我作對。

□ 14. 我雖然努力「忘記」，卻發現自己很難忘掉過去的情感傷口。

□ 15. 我的資金控管哲學基本原則是在市況容許時，總是把一部分的資金從市場中抽出來。

□ 16. 交易者的任務是看出代表機會的市場行為型態，再了解這種型態會不會像過去一樣發展，據以判斷風險的高低。

□ 17. 我有時候就是忍不住覺得自己受到市場傷害。

□ 18. 我交易時，通常會設法專注一種時間架構。

□ 19. 交易要成功，需要的心理彈性遠超過大部分人的能力範圍。

□ 20. 有時候，我可以明確覺得市場的流動狀況，然而，我經常很難根據這種感覺採取行動。

□ 21. 我經常在交易處於獲利狀態時，知道波動基本上已經結束，卻仍然不願意獲利了結。

□ 22. 不管我一次交易賺多少錢，卻很少覺得滿足，認為自己應該可以賺更多錢。

□ 23. 我進行交易時，覺得自己抱著積極的態度，也積極地預期會從交易中賺到很多錢。

□ 24. 交易者長期賺錢的能力中，最重要的因素是相信自己的持續能力。

□ 25. 如果賜給你一個願望，讓你能夠立刻學會一種交易技巧，你會選擇什麼技巧？

□ 26. 我經常因為擔心市場狀況而失眠。

□ 27. 你是否曾經覺得自己因為擔心錯過機會，被迫進行交易？

□ 28. 我的確希望自己的交易完美無缺，只是這種情形不常發生，我做出完美的交易時，感覺非常好，彌補了所有不完美交易的缺憾。

□ 29. 你是否發現自己曾經規劃過一些交易，卻從來沒有進行；你是否也發現自己進行根本沒有規劃過的交易？

30. 請用幾句話說明，為什麼大部分交易者不是賺不到錢，就是不能保住自己賺到的錢。

第一章
成功之道——基本、技術或心理分析？

起初是基本分析

誰還記得基本分析曾經是唯一實際或正確的交易決定方法？當我一九七八年開始交易時，只有少數交易者使用技術分析，市場中人認為，這些交易者根本就是騙子。這種情形讓人難以置信，但是在此之前，華爾街和大部分主要基金和金融機構都認為，技術分析是某種神祕的騙術。

現在的情形當然完全相反，有經驗的交易者多少都會利用技術分析來制定交易策略。除了學術界這種象牙塔外，「純粹的」基本分析幾乎已經滅絕，是什麼原因造成大家做出一百八十度的轉變？

答案很簡單，就是鈔票，我敢說大家對這個答案都不會覺得驚訝。根據純粹的基本分析做交易決定，實際上是很難持續不斷地賺錢。

我要對可能不熟悉基本分析的讀者解釋一下：基本分析試圖針對特定股票、商品或金融工具，考慮所有可能影響供給與可能需求之間相對平衡或失衡的變數。分析師主要利用數學模型，評估各種因素（包括利率、資產負債表、氣候型態與各種變數）的意義，預測未來某一時點的價格。

這種模型有一個問題，就是很少把其他交易者當成變數來考慮。藉著展現自己的信念和對未來的期望，造成價格波動的是人，不是模型。如果占去部分成交量的交易者，不知道有模型存在，或是不相信模型，根據所有相關變數做出的合理與理性預測的模型，就沒有什麼價值。

事實上，很多交易者——尤其是在期貨交易所的場內從事交易，能夠造成價格往任何方向激烈波動的交易員——通常根本不知道理當影響價格的基本供需因素。此外，任何時候，他們的大部分交易都是針對情感因素所做的反應，然而這情感因素卻完全沒有納入基本分析模型的參數中。換句話說，從事交易、進而造成價格波動的人並非總是做出理性行動。

最後，基本分析師可能發現，針對未來某個時點所做的價格預測雖然正確，但是在這段期間裡，價格波動可能極為劇烈震盪，因而很難繼續持有該部位以實現目標。

轉向技術分析

交易所之類的集中市場存在的時間有多久，技術分析的歷史就有多長。但是在一九七〇年代末期或一九八〇年代初期以前，交易圈都認為技術分析不是賺錢的有效工具。在這方面，技術分析師知道，要花好幾代的時間，主流交易圈才會接受。

任何一天、一週或一個月裡，都有一定人數的交易者參與市場，很多交易者為了賺錢，一再重複做同樣的事情。換句話說，個人會培養出行為模式，個人組成的團體持續不斷地互動，會形成集體行為模式，這些行為模式可以觀察、可以量化，重複出現的情形具有統計上的可靠性。

技術分析是整理這種集體行為，變成可以辨識的型態，能夠清楚指示一種情形發生機率高於另一種情形的方法。從某方面來說，技術分析讓你可以進入市場心理，根據市場前一陣子產生的型態，預測下一步可能的變化。

用技術分析預測未來的價格波動，效果遠勝過完全依據純粹的基本分析。技術分析讓交易者可以把精神完全放在和過去相對的市場現況，而不是只根據數學模型認定為合理和理性的東西，注意市場未來應該會有什麼變化。另一方面，基本分析在「應該如何」和「現狀如何」之間，會產生我所說的「現實落差」。現實落差使基本分析非常難以做出預測，只能做出極長期的預測，這種預測即使很正確，大家也很難運用。

相形之下，技術分析不但可以拉近這種現實落差，也讓交易者可以利用多到幾乎沒有限制的機會。技術分析開啟了更多可能性，因為技術分析看出每一種時間架構中，包括片刻之間、每天、每週、每年和介於其間的每一種時間架構中，都會重複出現相同的行為模式。換句話說，技術分析把市場變成可以致富的無數機會流程。

再轉向心理分析

如果技術分析這麼好用，為什麼越來越多的交易者，把重點從針對市場進行技術分析，轉移到針對自己進行心理分析，也就是分析自己的交易心理？要回答這個問題，你很可能只要問自己為什麼買這本書，就可以得到答案。最可能的原因是：你對你看出的無數賺錢機會和實際獲利之間的落差，感到不滿。

這是技術分析的問題，一旦你學會看出型態、解讀市場，你會發現其中有無數賺錢機會。但是我敢說你現在就知道，你對市場的了解和把這種了解變成持續獲利、變成穩定上升的財產曲線之間，有著驚人的落差。

想一想你有多少次看著價格圖表，對自己說：「嗯，看起來市場會上漲（或下跌）。」再看著你認為會發生的事情確實發生，但是你除了看著市場波動之外，沒有採取任何行動，同時對你原本可以賺到的所有財富痛心疾首。

預測市場走勢、想到你應該可以賺到的所有財富，和實際進行交易之間，有著重大的差距。我把這種差距和類似的其他落差，叫做「心理落差」，心理落差使交易變成你所知道的最艱鉅任務，也是你最難以精通的行為。

其中的大問題是：你能否精通交易？能否把交易變成像純粹觀察市場、思考獲利一樣輕鬆而簡單，而不是像實際進行交易那麼難？答案不但直截了當、十分「確定」，而且正好也是本書希望告訴你的事情——你必須深入了解自己和交易本質，這樣實際交易時，才會像純粹觀察市場、考慮行動時一樣輕鬆、簡單，沒有壓力。

這種要求看來可能有點無理，有些讀者甚至可能認為是不可能的任務，實際上並非如此。的確有很多人精通交易藝術，拉近了機會和獲利表現之間的落差。但是你可能認為這種贏家相當少，數目遠不及經歷不同程度的挫折，甚至感受到極端憤怒、不知道為什麼不能創造渴望之至的長期獲利的一般交易者。

事實上，長期贏家和其他交易者之間的差距，好比地球與月球之間的差異。地球和月球都是同一個太陽系的天體，因此具有一些共同的地方，但是性質的差別好比天壤之別。同理，從事交易的人都可以自稱是交易者，但是你比較少數長期贏家和大多數交易者的特性時，你會發現兩者之間的差別也像天壤之別。

如果登月代表交易者的長期成就，你可以說登月是可能完成的任務，登月之旅極為艱辛，只有少數人能夠完成。我們從地球上抬頭看，通常每天晚上都可以看到月亮，月亮似乎極為接近，以致於我們只要伸出手，就好像可以碰到一樣。成功的交易給人同樣的感覺，任何一天、一週或一個月裡，市場都提供大量的資金，讓每一個能夠進行交易的人去賺。因為市場不斷地波動，這些資金也不斷地流動，使交易成功的可能性大為增加，而且似乎可以讓你隨手抓住。

我用「似乎」區分兩種交易者之間的重大差異，交易者如果學會怎麼長期獲利，或是突破我所說的「長期獲利門檻」，這些錢不但唾手可得，甚至好像可以讓他們隨意取用一樣。我敢說，有人會覺得這種說法令人震驚或難以相信，但是事實如此。其中有一些限制，但是在大部分的情況下，錢極為輕鬆自在、毫不費力地流進這些交易者手中，以致於大部分人都會覺得大惑不解。

然而，交易者如果沒有晉升到這種精英團體，「似乎」的意義就是似乎，他們渴望的長期獲利或最後成就好像「唾手可得」，或是「隨手可以抓住」一樣，實際上卻一再地從他們眼前溜走或消失。交易只會讓這種交易者感受到情感上的痛苦，不錯，他們的確也有歡欣鼓舞的時刻，但是說他們大致都處在恐懼、憤怒、挫折、焦慮、失望、背叛和後悔狀態中，一點也不為過。

這麼說來，這兩種交易者有什麼不同？是智力不同嗎？長期贏家就是比大家都聰明嗎？比大家勤奮嗎？比較善於分析嗎？還是能夠採用比較好的交易系統？他們是否擁有天生的人格特質，比較容易應付交易的強大壓力？

這些可能性聽來全都相當有理，但是交易圈中大部分失敗者也是社會上最聰明、最有成就的人，這種說法就沒有道理了。長期輸家的成員絕大部分是醫師、律師、工程師、科學家、企業執行長、富有的退休人士和企業家。此外，交易圈中最高明的市場分析師大都也是最糟糕的交易者。智力和高明的市場分析的確對成功可能有幫助，但這卻不是造成長期贏家與眾不同的決定性因素。

既然不是智慧、也不是比較高明的分析，那麼原因到底是什麼？

我跟交易圈中最高明和最差勁的交易者合作過，也曾經幫忙最差勁的交易者變成最高明的交易者，我可以毫無疑問地說，最高明的交易者能夠持續一貫地勝過其他人，當然有特別的原因。如果要我把所有的原因簡化為一個，我會說最高明的交易者的思想跟大家不同。

我知道這樣聽起來很玄，但是如果你考慮到思想不同的意義是什麼，就會知道這一點的確具有深遠的影響。所有的人在某種程度上，思想都跟別人不同，我們可能並非總是在意這種事實，我們會自然而然地假設別人的觀念和我們一樣，對事情的解讀也跟我們相同。事實上，這種假設似乎一直都很正確，一直要到我們發現自己和別人在共同體驗到的事情上，有著根本的歧異時，才知道這種假設並不正確。除了我們的身體特質之外，我們的思考方式也是讓我們獨一無二、與眾不同的原因，與眾不同的程度很可能超過我們身體特質的差異。

我們回頭談交易者，最好的交易者和還在釐清思路的交易者之間，思考方式有什麼不同？市場可以說是提供無數機會的天地，同時卻也常用一些最不利心理的狀況，考驗每一個人。有時候，每位交易者都會學到顯示機會存在的市場資訊，但是學會怎麼看出交易機會，不表示學會了像交易者一樣思考。

長期贏家和別人有一個不同的決定性特質，就是贏家建立了一種獨一無二的心態，能夠維持紀律與專注，最重要的是能夠在逆境中保持信心。因此，贏家不再像其他人一樣，受到常見的恐懼和交易錯誤影響。每位交易者最後都會學到一些跟市場有關的事情；卻很少有人學會成為長期贏家絕對必要的態度。就像大家可以學習改善揮桿或揮網球拍的技巧一樣，是否能夠持續一貫，毫無疑問地取決於他們的態度。

交易者超越「長期獲利門檻」、學會能夠在市場環境中有效運作的態度前，通常會在情感和財務上經歷很多痛苦。難得的例外通常是生在成功交易家庭的人，或是在開始交易生涯時，得到了解交易真正本質、又知道怎麼傳授技巧的人的指導。

為什麼交易者經常碰到情感上的痛苦和財務上的慘劇？答案很簡單，大部分人都不夠幸運，不能在正確的指引下，開始交易生涯。然而，其中的原因複雜多了，我至少花了十七年，研究交易背後的心理動力，因此能夠發展出有效的方法，教導成功的原則。我發現交易充滿了思想上的矛盾與對立，以致於要學習成功之道變得極為困難。事實上，如果要我選擇一個詞，歸納交易的本質，我會用「矛盾」來形容（根據詞典的定義，矛盾是似乎具有對立性質的東西，或是跟一般信念或大家認為有道理的東西相衝突的事情。）

交易者經常碰到財務和情感上的慘劇，是因為在交易環境中，原本很有道理、在日常生活中運作很順暢的很多觀點、態度和原則，會造成正好相反的效果，根本行不通。大部分交易者開始交易生涯時不知道這一點，根本不了解交易的意義、有關的技巧，和這些技巧需要培養的態度。

下面的例子是我上述說法的顯例：交易本來就具有風險，就我所知，任何交易的結果都無法保證，因此，錯誤和虧損的可能性總是存在。這麼說來，你進行交易時，能夠認為自己是冒險家嗎？這個問題聽起來似乎很難回答，實際上並非如此。

這個問題的合理答案十分明確，一定是這樣。如果我從事本來就具有風險的活動，那麼我一定是冒險家。任何交易者都會做出這種十分合理的假設，事實上，不但所有交易者幾乎都這樣假設，而且大部分交易者都對自己從事冒險引以為傲。

問題是這種假設可能再離譜不過了，交易者從事交易時，當然是在冒險，但是這點不表示你接受相對的風險。換句話說，所有的交易都有風險，因為結果只是可能性，卻沒有保證。但是大部分交易者從事交易時，真的認為自己是在冒險嗎？真的接受交易的結果沒有保證、只是可能性的觀念嗎？此外，交易者是否完全接受可能的結果？

答案絕對是否定的！大部分交易者絕對不知道成功的交易者考慮風險時，對冒險者賦予什麼意義，最高明的交易者不但甘冒風險，也學會接納與擁抱風險。你因為自己從事交易，就假設自己在冒險，和完全接受每筆交易的固有風險之間，在心理上有非常大的落差。你完全接受風險時，對你的獲利表現會有深遠的影響。最高明的交易者從事交易時，絲毫沒有猶豫或衝突的感覺，而且承認交易失敗時，會同樣自由、同樣毫不猶豫或毫無衝突的感覺，甚至可以認賠結束交易，在情感上絲毫不會難過。換句話說，最高明的交易者不會因為交易的固有風險，喪失紀律、專心或信心。如果你進行交易時，情感上不能完全沒有難過的感覺（尤其是沒有恐懼），那麼你還沒有學會怎麼接受交易固有的風險；這一點是大問題，因為你不接受風險的程度有多高，規避風險的程度就有多高。想要規避無法規避的事情，對你交易成功的能力會有極為不利的影響。

從事任何活動時，學會真正接受其中的風險可能很難，對交易者來說，尤其是困難之至，考慮到其中涉及的利益時，更是如此。除了死亡或公開演講之外，大部分人通常最怕什麼事情？虧損和錯誤在這之中，排名當然高高在上。此外，承認錯誤和虧損可能令人極為痛苦，也是大家希望逃避的事情。但是交易者從事交易的每一刻裡，幾乎都會碰到這兩種可能性。

你現在可能說：「錯誤和虧損會造成極為嚴重的傷害，不希望犯錯和虧損也很自然；因此，我盡我所能，規避錯誤和虧損也很正確。」我同意你的說法，但是這種自然傾向也使看來應該很容易的交易，變得極為困難。

交易者要面對一個基本矛盾的考驗，就是在持續不確定的情況下，怎麼維持紀律、專注和信心？你學習像交易者一樣「思考」時，就能夠完全做到這一點。學習以完全接受風險的方式，重新界定自己的交易活動，是像成功交易者一樣思考的關鍵。學習接受風險是交易技巧的一種──可能是你所能學到的最重要技巧，但是後進交易者很少把心力花在這種學習上。

你學會接受風險這種交易技巧後，市場就不能再產生讓你定義或解讀為痛苦的資訊。如果市場產生的資訊不會造成你情感上的痛苦，你就不需要規避什麼東西，資訊就只是資訊而已，是告訴你有什麼可能性存在的資訊。這種情形叫做客觀的觀點，是不會因為你害怕什麼事情會不會發生，而曲解或扭曲的觀點。

我敢說，看這本書的交易者當中，沒有一個人沒有太早交易或太晚交易的經驗。太早交易是指市場實際產生某種信號前，就進行交易；太晚交易表示市場產生信號很久之後，才進行交易。是什麼原因促使交易者沒有說服自己認賠殺出，導致交易虧損變大？或是促使交易者太早出脫賺錢的交易？或是發現自己的交易賺錢，卻沒有獲利落袋，以致於賺錢的交易變成虧損？或是停損價格太接近切入價格，以致於遭到停損出場，市場卻恢復交易者預測到的走勢？這些只是交易者所犯眾多錯誤中的少數幾種錯誤。

這些錯誤都不是市場產生的錯誤，也就是說，這些錯誤並非來自市場。從市場波動和市場所產生的資訊角度來看，市場是中立的，波動和資訊提供機會，讓每一位交易者採取行動，但就是這樣而已！市場對於每位交易者的認知和解讀市場資訊的獨特方式，完全沒有影響力，也不能控制我們因此而採取的決定和行動。我提到的錯誤和很多其他錯誤，完全是我所說的「錯誤的交易態度與觀點」的結果。錯誤的態度會助長恐懼，而不是強化信任與信心。如果要我說明長期贏家和其他交易者之間的差別，我認為最簡單的說法是：最高明的交易者不害怕，他們不害怕，是因為他們培養出的態度讓他們的心智彈性無限擴大，可以根據市場依據本身觀點告訴他們的資訊，進行交易。同時，最高明的交易者培養出的態度，可以使他們不操之過急。其他人或多或少都會害怕，不害怕時，通常都會變得操之過急，而做出會讓他們覺得害怕的經驗。

交易錯誤會造成鈔票從你眼前蒸發，但是九五%的交易錯誤起源於態度，起源於你對錯誤、虧損、錯過機會和賺不到錢的態度，這四種態度是我所說的四大交易恐懼。

你可能說：「我不知道這種事情，我總是認為，交易者對市場應該有一種健康的恐懼。」這點又是十分合理和理性的假設，但是談到交易時，你的恐懼會對你不利，促使你自行做出你正好害怕的事情。如果你害怕犯錯，這種恐懼會影響你對市場資訊的看法，促使你做出最後會變成錯誤的事情。

你害怕時，其他可能性都不存在，你看不出其他可能性，即使你設法看出其他可能性，你也不能根據這些可能性，採取正確的行動，因為恐懼會讓你動彈不得。恐懼會造成我們的身體僵硬，或是急於逃命。在心理方面，恐懼會造成我們縮小注意力焦點，變成只注意我們害怕的東西。這點表示跟其他可能性有關的想法，以及市場提供的其他資訊都遭到阻攔。在你的害怕消失、事情過去之前，你不會注意到你已經知道的所有合理市場資訊，最後你會想到，「我早就知道這種事，為什麼我當時沒有想到？」或是「為什麼我當時沒有根據這一點採取行動？」

要看出這些問題都起源於我們自己的不正確態度，的確困難之至，這就是「恐懼」這麼可怕的原因。對交易有不利影響的思考型態中，很多都是我們成長時學到的思考和觀察方式自然發揮作用的結果，這些思考型態極為深入的銘刻在我們心裡，以致於我們很少想到，我們的交易問題起源於內心，起源於我們的心理狀態。不錯，把問題看成起源於外在、起源於市場似乎自然多了，因為我們覺得，市場是造成我們痛苦、挫折和失望的原因。

這些東西顯然是抽象的觀念，大部分交易者的確都不關心。但是了解信念、態度與觀念之間的關係，對進行交易至為重要，就像學習發球對打網球極為重要、學習揮桿對打高爾夫球極為重要一樣。換句話說，了解和控制你對市場資訊的看法重不重要，完全要看你多希望創造長期獲利而定。

我會這樣說，是因為還有一些跟交易有關的事情，和我剛才說的話一樣正確：你不必徹底了解自己或市場，也能進行成功的交易，就像你不必知道正確的揮拍或揮桿方法，偶爾也能打出好球一樣。我第一次打高爾夫時，雖然沒有學過任何特定技巧，整場球裡，仍然打出不少好球，但是我打完十八洞後，桿數仍然超過一百二十桿，我如果要改善整體成績，顯然需要學習技巧。

交易當然也一樣，我們需要有技巧，才能創造長期獲利。但是要學什麼技巧呢？學習如何有效交易時，這一點最讓人困擾。如果我們不知道、也不了解自己的信念與態度怎麼影響我們對市場資訊的看法，情形會變成好像市場行為是我們無法創造長期獲利的原因。因此，我們會認為，避免虧損、創造長期獲利最好的方法，應該是多了解市場。

這種想法似乎很有道理，卻是陷阱，幾乎所有交易者偶爾都會掉下去。但是這種方法是行不通的，市場提供你考慮的變數實在太多了，還經常互相衝突。此外，市場行為沒有限制，市場隨時可能表現任何行為。事實上，因為每位交易者都是一個市場變數，我們可以說，每位交易者幾乎都可能引發任何事情。

這點表示，不管你多了解市場行為、多善於分析，你學到的東西永遠不夠多，不足以預測市場可能害你犯錯或虧損的所有方式。因此，如果你害怕犯錯或虧損，就表示你所學到的東西，永遠不足以彌補這種恐懼對你保持客觀、對你斷然採取行動的能力，所形成的不利影響。換句話說，你面對持續不斷的不確定狀況時，不會有信心。交易的冷酷現實是每筆交易結果都不確定，除非你學會徹底接受結果不確定的可能性，否則你會有意或無意的避免你定義為痛苦的可能性，在這種過程中，你會碰到很多自己創造的昂貴錯誤。

我不是說我們不需要某種形式的市場分析或方法，以便辨認與看出機會，我們的確需要分析與方法。然而，市場分析不會通往長期獲利之路，不能解決缺乏信心和紀律造成的交易問題，也不能解決焦點不對造成的交易問題。

如果你操作時，基礎假設是更多、更好的分析會創造長期成就，那麼你會被迫盡量搜集最多的市場變數，作為交易工具。但是這樣會有什麼結果？你仍然很失望，會覺得一再受到市場欺騙，因為有些東西你還是沒有看出來，沒有充分的考慮到，你會覺得你不能信任市場，但實際情形是你不能信任自己。

信心和恐懼是兩種對立心態，都起源於信念和態度。操作時，如果虧損很容易超過你願意冒的風險，你必須絕對信任自己，才會有信心。然而，除非你訓練自己的頭腦，克服你用不利長期獲利方式思考的自然傾向，否則你不可能建立絕對的信任。學習分析市場行為根本不能建立信心與信任。

你有兩種選擇：你可以儘量多了解市場變數，以便消除風險──我把這種方法叫做分析的黑洞，因為這樣做最後的結果是挫折。你也可以學習如何以真正接受風險的方式，重新界定自己的交易活動，這樣你就不會再害怕。

你建立了真正接受風險的心態後，就不會再用令人痛苦的方式，定義和解讀市場資訊。你消除了用令人痛苦的方式定義市場資訊的心態後，也消除了合理化、猶豫不決、魯莽冒進、希望市場送給你鈔票的傾向，不會再希望市場把你從無法停損的狀態中解救出來。

只要你容易犯的錯誤，是出於合理化、正當化、猶豫、希望和魯莽冒進等原因所造成的錯誤，你就不可能信任自己。如果你不相信自己可以客觀地採取行動，始終以自己的最大利益為依據，那麼你幾乎不可能創造長期成就。想做好看起來這麼簡單的事情，很可能變成讓你最生氣的經驗。其中的諷刺是：你具有正確態度、學會「交易者心態」，面對持續不確定的狀況仍然能夠維持信心時，交易會變成像你當初開始交易時所想像的那麼容易、那麼簡單。

因此，問題要怎麼解決？你需要學習如何以交易時毫無恐懼的方式，調整自己的交易態度和信念，同時維持能夠不讓自己變得魯莽冒進的架構，這些就是本書希望教導你的東西。

你往下看時，我希望你記住一些事情。你的希望是變成成功的交易者，成功的交易者反映你未來成長後的樣子。成長表示擴大、學習和創造展現自己的新方式。即使你已經是成功的交易者，看本書的目的是希望變得更成功，這點仍然正確無誤。你要學習很多展現自己的新方法，會跟你目前所認定跟交易本質有關的觀念和信念直接衝突。你可能已經知道其中一些信念，也可能不知道，總之，雖然你感受到挫折，對成績不滿意，你現有跟交易本質有關的觀念會說服你：只要保持現狀就好。

這種內心的爭論很自然，我在本書中的挑戰是協助你以最有效的方式，解決這種爭論。你願意考慮有其他可能性、有你大概不知道或沒有充分考慮過的可能性存在，顯然會使學習過程變得較快，也變得比較容易。

第二章

交易的誘惑與危險

一九九四年一月，我受邀到芝加哥，在《期貨雜誌》主辦的交易研討會上演講。中午用餐時，我正好坐在某大交易圖書出版公司總編輯旁邊。我們熱烈討論為什麼能夠變成成功交易者的人這麼少，連在其他領域很有成就的人也很難打破這現實。這位總編輯問我，大家根據錯誤的原因從事交易，是不是這種現象的可能原因之一。

吸引力

我得停下來想一想這件事，我同意促使大家從事交易的典型原因——包括參與其事、欣喜、成為英雄的願望、交易成功所能吸引的注意力或虧損造成的自憐——產生的問題最後會破壞交易者的表現和整體成就，但是交易真正的吸引力遠比這一點深入和廣泛多了。交易活動讓個人獲得表達創意的無限自由、獲得大部分人一生大部分時間裡無法得到的表達自由。

這位總編輯當然問我，我說的話是什麼意思。我解釋說，我們在交易環境中，所有規則幾乎都由我們自己制定，這點表示我們選擇表達自我的方式時，不會受到什麼限制，沒有什麼範圍。其中當然有一些形式需要遵守，例如必須成為交易所會員，才能當交易廳交易員，如果你不是交易員，你必須符合最低財務標準，才能開立經紀商帳戶，但是除此之外，只要你開始交易，你怎麼交易的可能性幾乎不受任何限制。

我告訴他幾年前我參加研討會時的例子。有人計算過，如果你結合債券期貨、債券選擇權和現貨債券市場，可能的價差組合超過八十億種。再加上你怎麼解讀市場現狀的時機因素，交易的方式幾乎等於毫無限制。

這位總編輯想了一下後問：「但是既然能夠利用這麼沒有限制的環境，為什麼最後失敗卻相當常見？」我回答說：「因為無限的可能性加上利用這種可能性的無限自由，為個人帶來獨一無二的特殊心理挑戰。做好準備、正確應付這種挑戰的人很少，不然就是根本不知道有這種挑戰，如果大家連這種情形是問題都不知道，就不可能正確地努力解決問題。」

自由是好事，大家似乎都很自然地想要自由、追求自由、甚至渴望自由。但這點不表示我們具有適當的心理力量，能夠在限制很少，卻可能對我們造成重大傷害的環境中有效運作。不論大家的教育背景和智慧高低，不論大家在其他領域中多麼成功，從事交易時，幾乎每個人的心理都需要做一些調整。

我說的調整攸關創造內部心理結構，以便交易者能夠在自由自在的行動，和碰到自由可能產生的財務與心理傷害之間，追求最大的平衡。

要創造心態結構可能很難，如果你希望灌輸進去的東西跟你的既有信念衝突，就更為困難，但是對於希望成為交易者的人來說，要創造適當的心態結構，會因為我們從人生初期開始發展的種種抗拒心理，而變得更為困難。

我們全都誕生在某種社會環境中，不論社會環境或是家庭、城市、州或國家，都表示其中已經有結構。社會結構包括規則、限制、界限和一套已經變成行為準則的信念，這種準則會限制個人在社會結構中的自我表達方式。此外，大部分社會結構的限制，都在我們出生前就已經建立，換句話說，我們誕生後，規範個人表達自我的大部分社會結構，已經根深蒂固地建好。

我們很容易可以看出來，為什麼社會需要結構和個人自我表達的需要之間，可能產生衝突。每一個希望精通交易藝術的人，都會碰到這種基本衝突。

我希望你問自己，世界上每一個小孩——不管出生地點、文化或社會狀況——有什麼共同的特性（個人表達方式）。答案是好奇心，每一個小孩都很好奇，都熱衷學習，可以說是小小的學習機器。

我們考慮一下好奇心的本質，從最基本的層面來說，好奇心是一種力量，說得更清楚一點，好奇心是內在的引導力量，表示你不需要鼓勵小孩學習，放小孩自由活動，小孩自然會探索周遭環境。此外，這種內在的引導力量似乎也有自己的行程表；換句話說，即使所有的小孩都很好奇，並非所有的小孩天生都對相同的東西好奇。

每個人心裡，都有一些東西引導個人認識某些物體和獨有的經驗。連小孩似乎都知道自己要什麼、不要什麼，成人碰到嬰兒表現這種獨一無二的個性時，通常都會覺得驚訝。成人認為嬰兒內心沒有什麼東西，不能讓嬰兒表現出獨一無二的樣子。嬰兒除了表達對周遭環境事物的好惡之外，還有別的方式表現自己的個性嗎？我把這種內心發出的指導稱為自然的吸引力。

自然吸引力就是我們自然覺得感興趣或極感興趣的東西。我們的環境是多元的大世界，每個人都可以學習和體驗很多東西，但是這點不表示每個人對學習或體驗其中的所有東西，都自然感興趣或極感興趣。我們內心有一種機制，會促使我們做出「自然的抉擇」。

如果你想一想，我敢說你可以列出很多該做的事情，或是列出你絕對沒有興趣的事情，我知道我可以列出來。你也可以列出你只稍微感興趣的事情，之後，你可以列出你極感興趣的事情，當然，隨著興趣水準升高，名單中的事情會越來越少。

濃厚興趣從何而來？我個人認為，來自我們生命最深層——來自我們真正認同的層次，來自我們生命的一部分，這個部分存在於從社會化教養學到的性格與人格特質之外。

危險

衝突的可能性也在我們生命的最深層存在。我們出生的社會結構對這種內心主導的需要和興趣，可能很敏感，也可能不敏感。列如，你可能生在極有競爭力的運動家庭，卻對古典音樂或藝術具有濃厚興趣，你甚至可能天生具有運動能力，卻對參加運動比賽實在不感興趣，其中是否可能產生衝突？

在一般家庭裡，家人大都會對你施加強大的壓力，要你跟著兄弟姐妹或父母的路子走。他們會盡其所能，教你依循他們的道路，教你怎麼善盡發揮你的運動能力，不讓你認真追求其他興趣。你會配合他們的要求，因為你不希望遭到排擠，但是你做他們要你做的事情，就是讓你覺得不對勁，雖然你所學到的一切、還有他們教導你的一切，都對你成為運動員有利。問題在於你覺得這樣不像做自己。

我們學習應該做什麼樣的人時，會和我們內心最深處激盪的感覺產生衝突，這種衝突並不罕見。我敢說，很多人成長的家庭和文化環境中，對於我們自認與眾不同、必須自我表達的方式，能夠提供不帶批判性客觀支持的情形很少見。

缺乏支持不只是等於缺乏鼓勵而已，還可能很深入，到了等於公然否認我們希望自我表達的一些特殊方式。我們看看下面這種常見的情形：一個幼兒一生中第一次注意到，咖啡桌上有一個我們叫做花瓶的「東西」，他很好奇，這點表示他心裡有一股力量驅策他，要他去體驗這個物體。從某方面來說，這種力量就像在他心裡產生了一個真空，必須用他感興趣的這個物體填滿一樣。因此把全副精神放在花瓶上，刻意爬過大廳地板，爬到咖啡桌旁，伸手扶著桌沿，站了起來，他一隻手緊緊扶著桌沿，保持平衡，另一隻手伸向他從來沒有體驗過的這種東西，就在那一刻，他聽到客廳另一邊傳來尖叫聲，「不行！別碰那樣東西！」

幼兒驚嚇之餘，摔倒在地上，開始大哭。這種情形顯然很常見，完全無法避免。兒童絕對不知道自己怎麼可能傷害自己，也絕對不知道像花瓶這樣的東西可能多寶貴。事實上，什麼東西安全、什麼不安全和東西的價值，是小孩必須學習的重要教訓。然而在這個場景中，有一些極為重要的心理力量在發揮作用，會直接影響我們將來從事有效交易時，是否能夠創造所需要的紀律與專注能力。

我們想用自己選擇的方式表達自己，卻遭到否決，或是我們表達自己時，被迫採用不符合自然選擇過程的方式，會發生什麼事情？這種經驗會使我們困擾，困擾隱含著失衡的意義。但失衡到底是什麼？什麼事情會失衡，先決條件是必須先有平衡或相等的比率。平衡就是我們內在心理和外在生活環境之間，有多少互相呼應的相對程度。

換句話說，我們的需要和欲望是在心中產生，然後在外在環境中實現。如果兩種環境彼此互相呼應，我們就處在內在平衡的狀態中，覺得滿意或快樂。如果兩種環境不相呼應，我們就會感受到不滿足、憤怒和挫折，或是一般所說的情感痛苦。

為什麼我們得不到我們想要的東西，或是不能自由運用某種特殊方式表達自己時，會覺得情感上很痛苦？我個人的理論是：需要與欲望會產生心理真空，我們所居住的宇宙有一種不能容忍真空的自然傾向，出現真空時，會設法填滿。哲學家史賓諾沙（Spinoza）幾百年前就說過：「大自然痛恨真空。」

你把瓶子裡的空氣吸出來，舌頭和嘴唇就會粘在瓶口上，因為你創造了一個必須填滿的失衡（真空）。「需要是發明之母」這句話背後的動力是什麼？是認清需要創造出心理真空後，宇宙會用巧妙的思想把真空填補起來（如果你的心理善於接受），這些思想進而啟發行動與表達，滿足這種需要。

從這點來看，我認為我們的的內心裡大致上像宇宙一樣運作，一旦我們看出某種需要或欲望，我們會採取行動，用外在環境的經驗，把真空填補起來。如果別人否認我們追求這種需要或欲望的目標，實際上，我們會覺得自己並不完滿，覺得有了什麼缺憾，因此陷入失衡或情感痛苦的狀態中（我們的心靈創造出來後，是否也討厭真空？）

不管你的理由多正當，你把小孩正在玩的玩具拿走後，小孩的普遍反應都是在情感上覺得痛苦。當我們滿十八歲時，我們在地球上大約生活了六千五百七十天，請問一般小孩平均每天聽到下面的說法多少次？

- 不行、不行，你不能那樣做。
- 你不能那樣做，必須這樣做。

- 現在不行，我們要再想一想。
- 我會告訴你。
- 這樣不行。
- 你怎麼會以為你可以這樣做？
- 你必須做這件事，你別無選擇。

這些話只是我們成長時，別人用相當溫和的方式，否決我們自我表達的說法。即使我們每天只聽到這種話一、兩次，日積月累，等到我們成年時，已經遭到好幾千次拒絕。

我把這種經驗叫做「被拒絕的學習動力」——這種動力以我們內心的需要為基礎，起源於我們認同中比較深層的部分，起源於天然選擇過程。

這種動力遭到否定，不能實現，會有什麼結果？會就這樣消失嗎？可能如此，要是這種動力用某種方式化解、要是我們採取什麼行動，或是別人做了什麼事情，使我們的心理恢復平衡，這些動力就可能消失。什麼方法可以讓我們的心理恢復平衡？方法很多，最自然的方法就是大哭，小孩尤其如此。

動力遭到拒絕、不能實現時，大哭是化解其中衝突的自然機制（自然方法）。科學家發現，淚水由帶負電的離子構成。如果我們順其自然，大哭會趕走我們心中帶負電的能量，讓我們恢復平衡狀態，即使最初的動力一直無法實現，仍然如此。

問題是大部分時間裡，事情不能自然發展，遭到否認的動力根本無法化解，至少在我們還是小孩的時候是這樣。大人有很多原因，不喜歡自己的小孩大哭，尤其不喜歡男孩大哭，會盡其所能，阻擾這種行為。大人也有同樣多的原因不耐煩，不會對小孩解釋他們為什麼會被迫做他們不想做的事情。即使大人設法解釋，也不保證他們能夠有效地化解失衡。如果這些動力得不到化解，會有什麼結果？

動力會累積起來，最後通常會用各種上癮和強迫性行為的型態表現出來。其中的一般原則是：不管我們認為自己小時遭到什麼樣的剝奪，成年後都可能輕易地變成上癮。例如，很多人對別人的注意上癮，我說的是無所不用其極，吸引別人注意他們的人。這種現象最常見的原因，是他們認為自己小時候沒有得到足夠的注意，或是應該得到注意的時候沒有得到。總之，這種遭到剝奪的情況變成沒有解決的情感能量，迫使他們表現出能夠滿足這種癮頭的行為。我們了解這種遭到否認，沒有得到化解的動力時（我們每個人都有），應該知道這種沒有實現的動力會影響我們的專注能力，影響我們採用有紀律而持續一貫交易方法的能力。

安全措施

要在交易環境中有效地運作，我們需要規則和界限規範我們的行為。交易中有一個簡單的事實，就是我們可能對自己造成重大傷害，傷害可能遠超出我們的想像，大的不成比例。為了預防我們可能遭到損害，我們需要以特殊的心智紀律與觀點，創造一種內心結構，規範我們的行為，使我們採取行動時，總是注意自己的最大利益。這種結構必須存在每個人的心裡，因為市場和社會不同，不會提供這種結構。

市場以行為型態的方式，提供結構，提示買賣的機會什麼時候存在，但是市場結構也到此為止，以簡單的提示作為盡頭。此外，從個人觀點來看，市場沒有正式的規則規範你的行為。市場跟我們參與的所有其他活動幾乎都不同，甚至沒有開始、中段或結束。

這種差別極為重要，對心理具有深遠的影響，市場像河流一樣，不斷流動，沒有開始和結束，也不會等待。即使市場收盤，價格仍然處在活動狀態中。沒有一條規則規定任何一天的開盤價，必須跟前一天的收盤價相同。我們在社會中做的任何事情，都不能讓我們做好適當的準備，在這種「沒有界限」的環境中有效地運作。

連賭博都有內建的結構，使賭博跟交易大不相同，危險也少多了。例如，如果我們決定玩二十一點，我們首先必須決定要下多少賭注、冒多少風險，二十一點的遊戲規則要求我們做這種選擇，如果我們不做選擇就不能玩。

進行交易時，除了你自己，沒有人會強迫你事前決定要冒多少風險。事實上，我們面對的是沒有限制的環境，任何時候，幾乎都可能發生任何狀況，只有長期贏家事前會決定要冒多少風險。對其他的人來說，事前決定風險，會強迫你面對每筆交易都有可能的後果、都有可能虧損的現實。不管交易看起來多好，長期輸家幾乎會盡一切力量，避免接受可能虧損的現實。一般交易者如果沒有外在的結構，強迫他用其他方式思考，就可能接受各種理由、合理化說法和扭曲的邏輯，使他將來從事交易時，會認為交易不可能虧損，事前決定風險因而變得無關緊要。

所有賭法根據決定賭博結果的事件順序，都有特定的開始、中段和結束。一旦你決定下注賭博，你就不能改變心意，必須賭到最後。交易並非如此，進行交易時，價格不斷波動，除非你決定應該開始，否則沒有開始，你希望投入多久，交易就會延續多久，除非你決定結束交易，否則交易不會結束。不管你可能有什麼計畫或希望做什麼事情，任何心理因素都可能發揮作用，促使你分心、改變主意、害怕或過度自信。換句話說，促使你做出怪異和無心的行為。

賭博會有正式的結束，因此會迫使參與者變成自己掌握主動的輸家。如果你連輸好多把，除非你刻意決定繼續賭下去，否則你不可能繼續再輸。每一把結束會促成新一把的開始，你必須掏出皮夾，把一些籌碼放在賭桌上，主動拿出更多的資產，去冒進一步的風險。

交易沒有正式的結束，市場不會強迫你退出交易，除非你擁有適當的心態結構，總是以符合本身最大利益的方式結束交易，否則你可能變成被動的輸家。這點表示，一旦你從事的交易虧損，你什麼事情都不必做，就會繼續虧損，你甚至連看都不用看，你可以完全不理會，市場會奪走你擁有的一切，還會奪走你更多的資產。

交易有很多矛盾的地方，其中一種矛盾是同時提供好處和壞處。好處大概是讓我們平生第一次，可以完全控制我們所做的一切。壞處是沒有外在的規則或界限，規範或組織我們的行為。加上環境具有毫無限制的特性，因此我們行動時，必須具有某種程度的自我約束與控制——至少如果我們希望創造某種程度的長期成就時，必須如此。我們需要有一種結構規範自己的行為，這種結構像有意識的自由行動一樣，必須發自內心，內心正是很多問題開始的地方。

問題：不願意制定規則

我所知道對交易有興趣的人當中，沒有一個人不反對制定一套規則的觀念。這種抗拒心理並非總是很明顯，情形正好相反，抗拒心理通常都很微妙。我們一方面同意規則有道理，實際上卻無意做該做的事情，這種抗拒心理可能很強烈，而且具有合理的依據。

我們心裡的大部分架構，都是社會教養加在我們身上的結果，是以別人所做的選擇為基礎。換句話說，這種結構是別人灌輸在我們心裡，不是發自我們內心的東西。這種差別很重要，在灌輸這種結構的過程中，很多我們天生的動力，都遭到否認——包括希望透過直接體驗、採取行動、表達和學習本身存在本質的動力。許多遭到否定的動力從來沒有化解過，仍然在我們的內心裡，以挫折、憤怒、失望、罪惡感的形式，甚至以仇恨的形式存在。這種負面情感日積月累，變成一種力量，在我們的心裡發揮作用，促使我們對所有否定我們自由行動和隨心所欲變化的事物，都產生抗拒心理。

換句話說，開始時吸引我們進行交易的根本原因，是創意表現的無限自由，這點和我們天生拒絕制定規則與界限，以便適度規範我們行為的原因完全相同。這種情形就好像我們找到了烏托邦，擁有徹底的自由，然後有人拍拍我們的肩膀，說：「喂！你要制定規則，不僅如此，你還要有紀律去遵守它們」一樣。

我們需要規則背後的原因可能理直氣壯，但是因為我們一生大部分的時間裡都努力地擺脫規則，這種需要很難鼓勵我們制定規則。我們通常要經歷很多痛苦後，才會破除抗拒之心，建立和遵守持續一貫、有組織、又能謹慎控管資金的交易機制。

我不是暗示你必須化解你過去所有的挫折和失望，才能變成成功的交易者，因為實際情形並非如此，而且你的確不必因此受苦受難。我跟很多交易者合作過，他們都達成了追求持續獲利的目標，卻沒有採取任何行動，化解他們日積月累、遭到否認的眾多動力。然而，我的意思是說，你花很多精神和力量，建立一種心智機構，抵消遭到否定的動力後，就可以理所當然的認為，自己能夠建立交易賺錢所需要的技巧。

問題：不能負責

交易可以說是不受別人妨礙、立即可以產生結果的純粹個人抉擇。請記住，除非我們決定開始，否則什麼都不會發生，你希望延續多久，交易就會延續多久，除非你決定停止，否則交易不會結束。所有的開始、中段和結束都是我們對既有資訊的解讀，再根據我們的解讀，決定採取行動的結果。我們可能希望自由決定，但是這點不表示我們已經做好準備，願意為結果負責。交易者如果沒有做好準備，不能為自己的解讀和行動造成的後果負責，會發現自己陷在兩難的情況中：如果一種活動可以讓你徹底自由地決定，但決定的結果出乎意料，又讓人不滿意時，你卻不肯負責，在這種情況下，你要怎麼參與這種活動？

交易有一點很殘酷，就是如果你希望創造長期獲利，一開始，你就必須假定無論結果如何，你都要徹底負責。決定參與交易前，願意負這麼艱難責任的人很少。避免負責的方式是採用完全隨機的交易型態。我把隨機交易定義為規劃差勁或完全沒有規劃的交易，隨機交易的方法沒有組織，考慮的市場變數沒有限制，因此不能讓你看出什麼變數長期有效、什麼變數沒有效。

隨機是沒有結構、不必負責的自由。我們交易時，如果沒有明確的計畫，又要面對無數變數，很容易會把我們滿意的交易，看成是自己的功勞（因為其中有

「若干」方法存在）。同時，我們很容易逃避責任，不為結果不滿意的交易負責（因為其中總是有一些我們不知道的變數，因此沒有事先考慮。）

如果市場行為是真正的隨機行為，那麼要創造長期獲利就很難。如果不可能創造長期獲利，那麼我們確實不必負責。這種想法有一個問題，就是我們的市場經驗告訴我們，實際情形並非如此。同樣的行為型態會一再出現，雖然每一種型態的結果具有隨機性，一系列型態的結果卻具有持續一貫性（統計上的可靠性），這是一種矛盾，但是採用有紀律、有組織又持續一貫的方法，可以輕易解決這種矛盾。

我和無數交易者合作過，他們會花很多時間，進行市場分析，為隔天的交易規劃，但是隔天卻沒有照規劃進行交易，而是做別種交易，通常是根據從朋友那裡聽來的構想，或是根據經紀商的明牌進行交易。我不說你應該也會知道，他們原來規劃、卻沒有進行的交易，通常可能是當天獲利最大的交易。這個例子說明我們很容易受到影響，進行沒有結構的隨機交易——原因是我們希望避免負責。

我們根據自己的構想行動時，是把我們的創意付諸考驗，我們立刻會得到回饋，知道自己的構想是否行得通，我們很難把不合理的交易成果合理化。另一方面，我們進行事前沒有計畫的隨機交易時，要移轉責任，把差勁構想的責任歸咎於朋友或經紀商，會容易多了。

交易還有另一種特性，使我們容易逃避伴隨著訂定結構而來的責任，變成比較喜歡進行隨機交易：這種特性就是任何交易都可能獲利、甚至獲得龐大利潤。不論你的分析很高明還是很差勁，不論你是否負責，你都可能碰上這種獲利豐厚的交易。你必須耗費功夫，才能訂出成為長期贏家所需要的規律方法，但是你可以看出來，我們很容易愛上沒有紀律的隨機交易方法，不願大費周章，做這種耗費精神的事情。

問題：沉迷於隨機的報酬

很多人研究隨機報酬對猴子心理的影響。例如，如果你教猴子做一件事，每次猴子把事情做好，你一定都會獎勵猴子，猴子很快就學會把特定的結果，跟自己的行為聯想在一起。如果猴子把事情做好，你卻不再獎勵猴子，猴子很快就不會再做這種事情，不會浪費精力，做牠們知道不會再得到報酬的事情。

然而，如果你開始這種實驗時，用的是純粹的隨機程序，而不是用持續一貫的程序，猴子對喪失報酬的反應會大不相同。你不再給猴子報酬時，猴子不可能知道做同樣的事情再也得不到報酬。過去每次你給猴子報酬時，報酬都是以驚喜的方式出現，因此，從猴子的觀點來看，猴子沒有理由不繼續做這種事。即使這樣做得不到報酬，猴子還是會繼續做這種事，有些猴子會一直持續做下去。

我不知道為什麼我們容易沉迷在隨機的報酬中。如果你要我猜，我會說很可能和我們碰到意外的驚喜時，腦中會釋出讓人欣喜若狂的化學物質有關。如果報酬是以隨機的方式出現，我們絕不可能知道自己會不會得到報酬，也不知道什麼時候會得到報酬，因此花精神和力量，希望再度體驗令人驚喜的美妙感覺並不難，事實上，這種事情很容易讓很多人上癮。另一方面，我們預期的特定結果沒有出現時，我們會失望、難過。如果我們再做這種事，得到的結果同樣是失望，我們就不可能繼續做我們明知會讓我們痛苦的事情。

上癮會成為問題，是因為上癮會讓我們陷入「別無選擇」的狀態。癮頭控制我們心智的程度越高，我們花在滿足這種癮頭的精力越多，我們對隨時存在、能夠滿足我們其他需要（例如信任自己、不要把太多資產投下去冒險的需要）的其他可能性，會忽視或鄙視，除了滿足癮頭之外，我們會覺得沒有力量採取其他行動。對交易者來說，對隨機報酬上癮特別令人困擾，因為這是另一種形式的阻力，會妨礙我們創造長期績效所需要的心態結構。

問題：外在控制與內在控制

我們的教養把我們限制在社會環境中運作，意思是我們學到了一些思考策略，以便滿足和社會互動有關的需要、願望和欲望。我們不但學會互相依賴，滿足我們完全無法獨立滿足的需要、願望和欲望，而且我們在這種過程中，學會了很多以社會為基礎的控制與操縱技巧，確保別人的行為符合我們的需要。

市場看來可能像是社會性的行動，因為其中有太多的人參與，但是實際上並非如此。在今天的現代社會中，如果我們學會互相依賴，以便滿足基本需要，那麼市場環境雖然存在現代社會中，卻可以說成是心理上的蠻荒地帶，其中的每一個人都為自己的生存奮鬥。

我們不但不能依賴市場為我們做任何事情，而且要操縱或控制市場的行為極為困難。如果我們藉著學會控制和操縱環境，變成能夠有效滿足我們的需要、願望和欲望，卻突然發現自己身為交易者，所處環境對我們認為重要的事情卻不知道、不在乎或毫無反應，我們該怎麼辦？如果你說這種情形好像傳說中船沒有船槳，卻要上溯溪流一樣，你說的完全正確。

許多成功人士交易時虧得這麼慘，卻能夠創造其他成就，一部分要歸功於他們具有絕佳的能力，能夠操縱和控制社會環境，配合他們的需要。所有的人大致上都學過或發展出若干技巧，能夠使外在環境配合我們的心智（內在）環境。問題是，這些技巧在交易市場上完全沒有用，市場對控制和操作不會起反應（除非你是非常大的交易者）。

然而，我們可以控制我們對市場資訊的看法和解讀，也可以控制自己的行為。我們可以改變，可以不控制環境，變成學習控制自己，以便我們對情勢應有發展的看法配合環境。這樣我們就可以從最客觀的觀點看待資訊，而且可以組織和建立自己的心理構造，使我們行動時總是可以配合自己的最大利益。

第三章 負責

「負責」聽起來很簡單，但是這種觀念既不容易了解，也不容易應用在交易上。我們全都聽過這個字眼，一生中太常碰到需要負責的情況，因此很容易理所當然地認為，自己十分了解負責的意義。

為自己的交易負責和學習正確的成功之道息息相關。你必須盡你所能，徹底了解要成為成功的交易者，什麼事情你必須負責、什麼不必負責，這樣才能學到一些特性，變成少數能夠創造長期獲利的精英交易者。

我在第一章結束時，介紹了為自己設想未來狀況的觀念。換句話說，你還不是能夠創造長期獲利的交易者，你必須創造新的自我，就像雕刻家雕出模特兒的形象一樣。

塑造你的心理

創造新自我的工具是你的學習意願和欲望，加上渴望成功的熱情。如果學習意願和欲望是你的主要工具，那麼你的媒介是什麼？藝術家雕刻時，可以選擇很多媒介，包括黏土、大理石和金屬，但是如果你希望創造新的個性，用長期成功交易者的形式表現出來，你能夠利用的只是自己的信念和態度，你藝術創造的媒介是你的心理和學習意願，你可以改造、可以建立達成最後目標**所需要的信念和態度**。

我假設你的最後目標是長期獲利。如果你像大部分交易者一樣，你一定不能實現你所碰到機會的全部潛力，要加強掌握這種潛力、加強把潛力變成現實的能力，你的首要目標是學習怎麼像長期成功交易者一樣思考。

請記住，最好的交易者有很多與眾不同的思考方式，他們學會了一種心態結構，能夠讓他們在毫不恐懼的情況下交易，同時，這種心態能夠防止他們變得魯莽從事，犯下以恐懼為基礎的錯誤。這種心態結構由很多因素組成，但是基礎是他們進行交易時，幾乎完全排除恐懼和魯莽的影響。這兩種基本特性讓他們能夠創造長期成果。

你學會這種心態後，進行交易時，也會不再恐懼，不再犯很多以恐懼為基礎的錯誤，這種錯誤的起因是合理化、下意識地扭曲資訊、猶豫不決、魯莽從事和抱著希望。一旦你不再恐懼，就沒有理由再犯這種錯誤，因此你進行交易時，幾乎不會再出現這種錯誤。

然而，消除恐懼只是成功公式的一半，另一半是必須培養出自制。傑出的交易者知道，內部紀律或心智機制很重要，可以對抗伴隨著一連串交易獲利後，欣喜若狂或過度自信形成的不利影響。交易者如果沒有學會怎麼檢視和控制自己，獲利會變成極為危險的事情。

如果我們開始時，認定要創造長期交易獲利，重點必須放在培養交易者的心態上，我們就很容易可以看出，為什麼這麼多交易者並不成功。大部分人不是學習怎麼像交易者一樣思考，而是考慮怎麼靠著了解市場，多賺一點錢。交易者幾乎不可能不落入這種陷阱，有很多心理因素使你輕易地認定你對市場有所不知，是你虧損和無法長期獲利的原因。

然而，實際情形根本不是這樣，你追求的一貫獲利存在你心中，不是存在市場上。大部分虧損的原因不是技巧或市場知識不足，而是你對錯誤、虧損的態度和信念，以及你覺得愉快時容易變得魯莽的傾向。

例如，假設你可以選擇下面兩位交易者，管理你的資產，你會選擇哪一位？

第一位交易者利用的交易技巧很簡單，簡單到甚至可以說很平凡，心態卻不受在下意識中遭到扭曲的市場資訊影響，也不受猶豫不決、合理化、希望和輕率魯莽影響。

第二位交易者是著名的分析師，但操作時仍然以常見的恐懼為基礎，因此會受第一位交易者所沒有的一切心理問題影響。

正確的選擇應該很清楚，第一位交易者會為你的資產創造出較高的績效。態度比分析或技術更能創造較好的整體成就，當然，理想的情況是兩者兼具，但是其實你不需要兩者兼具，因為如果你具有正確的態度、正確的心態，那麼跟交易有關的一切事情都會變得相當容易，甚至變得相當簡單，還有很多樂趣。我知道有些讀者可能難以相信這一點，甚至會覺得沮喪，尤其是你努力多年，盡力學習跟市場有關的一切時，更可能如此。

有趣的是，大部分交易者第一次交易時，思考方式比交易生涯的任何時刻，都更接近應有的方式。很多人開始交易時，抱著很不實際、認為交易天生具有危險的觀念，如果交易者第一次交易獲利，更是如此。接著，交易者進行第二次交易時，幾乎不再恐懼，或是沒有多少恐懼，如果第二次交易又獲利，他們進行下一次交易時，甚至更不擔心原本應有卻讓人無法接受的虧損可能。後續的每次獲利都會讓他們認為，市場中沒有什麼東西值得害怕，交易是最容易賺錢的方法。

這種不害怕的心態會變成無憂無慮，類似很多傑出運動員所說的「順境」心態。如果你曾經體驗過某種運動的順境，你就知道在這種心態下，絕對沒有什麼好害怕的，你憑著直覺行動和反應，不考慮其他方法和結果，也不會批評自己，你處在最好的狀態中。「只要去做就是了」，不管你做什麼，結果都正好是你應該做的事情。

大部分運動員從來沒有提升到這種境界，因為他們根本沒有克服過犯錯的恐懼。到達這種境界的運動員絕對不怕把事情搞砸的後果，通常會相當自然地進入

「順境」。順便要說的是，心理順境不是你想進入就能進入的狀態，不像耐力可以靠著意志力達成。順境是一種你覺得天生具有創造力的心態，你從理性或意識層面，開始思考自己的行動時，你立刻就跳出了順境的心態。

雖然你不能靠著意志力或強迫自己進入順境，卻可以培養積極追求勝利的態度，建立最便於體驗「順境」的心理狀態。我把積極追求勝利的態度定義為期望從自己的努力中，得到良好的成果，把結果當成充分反映你的發展水準，也充分反映你有什麼需要改進的地方。

傑出運動員就是這樣：他們抱著追求勝利的態度，因此能夠輕易地超越錯誤，繼續前進；別人卻陷入消極地自我批評、後悔和自憐中。能夠發展出積極追求勝利態度的人不多，交易中有一種奇怪的異常，就是如果你的交易開始獲利，你會自動體驗到一種無憂無慮的心態，這種心態是追求勝利態度的副產品，卻不是積極培養出的態度。我知道這句話聽起來可能讓人困惑，但是這一點有一些深遠的影響。

如果你的交易有幾次獲利，可能促使你進入無憂無慮的心態，這種心態是交易成功的基本條件，卻不是以正確的態度為基礎，你註定會淪入極度誤解交易本質的狀態，最後必然會造成情感和財務上的慘劇。

能夠創造幾次以上的交易獲利，不表示你已經變成交易者，但你卻會有這種感覺，因為獲利會使你感覺到只有最成功交易者才能長期體驗的心態。事實上，要創造一次交易獲利，根本不需要什麼技巧，而且你的確可能接二連三地創造獲利，我認識不少一開始交易生涯時，曾經連續獲利很多次的人。

你覺得自信滿滿，不會受到恐懼和憂慮妨礙時，要創造一連串交易獲利並不難，因為你很容易進入一種流程、進入一種自然的節奏，你在這種狀態中應該做什麼事，看起來似乎很明顯，或是不證自明。這種情形幾乎就像市場對你大叫什麼時候該買進、什麼時候該賣出，你在這種過程中不需要什麼分析能力。因為你毫不害怕，你進行交易時，心裡當然不會有爭執或衝突。

我要說的是，做任何事情想成功，發揮影響作用的主要是態度。很多人的確知道這一點，但是大部分人不了解態度對成果會有重大影響。在大部分的運動或競爭性活動中，參與者必須培養體能技巧，也要建立以策略形式表現出來的心智技巧。如果競爭者的技巧不相當，擁有優異技巧的人通常會獲勝（但並非總是如此）。居劣勢的人打敗優異的對手時，決定因素是什麼？兩個對手旗鼓相當時，什麼因素會扭轉大局？在這兩種情形中，答案都是「態度」。

交易這麼迷人、又這麼難以學習，原因是你的確不需要很多技巧；你只需要真正追求勝利的態度。幾次交易獲利，可能讓你覺得自己是贏家，這種感覺是連續獲利的關鍵。交易新手可能連續幾次創造獲利，很多最高明的市場分析師寧願捨棄右手，換取一連串交易獲利，原因就在這裡。分析師有技巧，卻沒有追求勝利的態度，他們根據恐懼心理操作。交易新手因為不害怕，所以能夠體驗到追求勝利態度的感覺，但是這點不表示新手具有追求勝利的態度，只表示他還沒有從交易活動中，體驗到讓他害怕的痛苦。

對虧損的反應

不管交易新手的感覺多積極，最後都會碰到虧損和錯誤，虧損和錯誤是交易中無法避免的現實。最積極的態度加上最高明的分析技巧，也不能讓交易者最後不碰到交易虧損，因為市場實在太奇怪了，如果交易者希望每次都正確無誤，要考慮的變數也太多了。

交易新手最後虧損時，會出現什麼狀況？他無憂無慮的心態會受到什麼影響？答案要看他進行交易時的期望、要看他怎麼解釋這次經驗而定。他怎麼解釋這次經驗，由他的信念與態度決定。

如果他操作時的基礎信念是虧損不可能避免，因為虧損是交易自然的結果，好比餐廳老闆必須出錢購買食材一樣。此外，假設他完全接受風險，表示他會從財務和情感上，考慮和評估原本不能接受的所有市場行為。有了這種信念和期望後，他的態度不太可能惡化，就會逕自進行下一次交易。順便要說的是，這種情形是理想的交易信念與態度。

現在假設他沒有完全接受風險，如果他的預期中沒有考慮到市場行為不符合他的希望時，會產生什麼結果？從這種心態來看，如果市場行為不符合他的期望，他會感受到情感上的痛苦。期望是未來某一刻環境表現在我們心中的樣子、聲音、感覺、氣味或味道。期望不能實現時，造成的傷害多大，要看期望背後的力量多大而定。

我剛剛描述的兩種不同觀點中，我們說的交易新手抱著哪種觀點？當然是後者。只有非常高明的交易者，學到第一種情境中說明的觀點。就像我在第1章裡說的一樣，除非這些非常高明的交易者在成功的交易家庭中成長，或是得到超級交易者指導，從他們開始交易生涯時，就灌輸他們跟風險和虧損有關的正確態度，否則幾乎每個交易者都至少要虧損一筆財富後，才會了解應該怎麼思考，才能創造長期獲利。

能夠創造長期獲利，背後的原因是徹底改變態度，而不是像大部分人的誤解——背後的原因是善於解讀市場。交易者普遍有這種誤解，完全是因為很少人能夠從最深層的水準上，確實了解態度在決定個人成就上的影響有多大。

我們可以確切地假設：我們說的交易新手虧損一次後，會處在情感痛苦的狀態中。因此，他進行交易時，會出現一種全新的特性，就是他一定會失去無憂無慮的心態，但是，更重要的是，他會覺得市場害他虧損、害他覺得痛苦，且奪走了他勝利成功的感覺。

請注意，我們說的交易者把虧損或沒有獲利的責任，歸咎於市場，也請注意他這種感覺極為自然。想一想，我們的一生中，尤其是兒童時期，有多少次正在做我們真正喜歡做的事情，例如玩玩具或跟朋友一起遊戲時，擁有更大權力和權威的人禁止我們做我們正在做的事情，要我們做我們不想做的事情。我們都有失去東西、東西被人奪走的經驗；都有過想得到的東西，或自認應該得到的東西卻得不到的經驗；也都經歷過遭到阻止，不能繼續做我們正在做的事情，或是不能追求我們夢寐以求構想的經驗。

其中的意義是我們在很多類似狀況中，不需要為自己碰到的事情，或感受到的痛苦負責，因為我們無可奈何。我們不是自己選擇脫離歡樂和快樂的狀態，而進入精神痛苦的狀態，決定權不在我們手中。這種決定違反我們的意志，而且通常相當突然，雖然可能有人會告訴我們，要我們為結果負責，我們可能不相信這種話，或是不了解其中的意義。

我們最容易想到的實際情形是我們處在快樂的狀態中，有什麼人或什麼東西奪走我們的快樂，讓我們陷入痛苦。這種情形不是我們自己的選擇，我們的痛苦是外力造成的，因此，強加在我們身上的外力應該負責。我們不但學到在自己完全沒有錯的情況下，愉快的感覺可能在片刻之間，由不愉快的感覺取代，也學到和遭到背叛有關的感覺。我們覺得遭到背叛，是因為很多類似狀況是完全意外或無法預期的事情，也就是說，我們沒有做好準備，不能應付別人在我們的生活中能夠採取行動的情況，如果別人的行為使我們陷入情感痛苦的狀態，那麼我們自然會覺得遭到背叛。

此外，我覺得必須指出，我們很多情感痛苦的經驗是父母、教師和朋友好心造成的結果，這些人當中，很多人只是做他們認為對我們最好的事情。最好的例子是兒童玩有危險性的玩具時，我們把玩具拿走，小孩一定會大哭，表達自己經歷的情感痛苦，如果這個小孩還很小或不成熟，無論我們說什麼道理或解釋他不能玩這種玩具的原因，小孩都不會聽。

有很多人的父母不成熟、不理性，也有很多人碰到情感不穩定的教師、教練和員工，這種人會在有意、無意之間，把個人問題套在權力比他們小的人身上。更糟糕的是，很多有折磨別人傾向的人很聰明，會使他們加害的人認為自己是咎由自取。總之，不論我們的痛苦經驗是出於愛心，還是出於刻意折磨，都是我們自己必須面對的事情。

根本問題在於我們成年後進行交易時，不知道自己會多麼自然而然地把交易時，瞬間從快樂變成痛苦的經驗，跟兒童時期相同的經驗聯想在一起。其中的意義是，如果我們沒有學會接受交易的固有風險，又不知道怎麼防止把過去和現在自然聯想在一起的傾向，我們最後會把自己的成果歸咎於市場，而不是自行承擔責任。

雖然大多數人認為自己是負責的成年人，但只有最高明的交易者，真正能夠為任何交易結果確實負起完全責任。其他人大都認為自己承擔了責任，實際上卻希望市場為他們承擔責任。一般交易者希望市場滿足自己的期望、希望和夢想。

社會可能是用這種方式運作，交易市場卻絕非如此。我們在社會上，可以預期別人以合理而負責的方式行動。如果別人不是這樣做，因而傷害我們時，社會會提供補救之道，矯正失衡，使我們的自我完全復原。然而，交易市場卻不會負責提供或做出對我們有利的事情。市場可能不會這樣自我宣傳，而且絕對不希望投射這種印象，但實際上，每位交易者進行交易時，都希望獲得利益，交易者要得到好處，唯一的方式是別的交易者損失，無論是期貨交易中的實際虧損，還是股票交易中喪失機會。

你交易的目的是希望賺錢，世界上每個交易者的目的都相同。你從這種觀點看待自己和交易市場的關係時，可以說你的目的是在市場中賺到錢；同理，市場唯一的目的是拿走你的錢或機會。

如果說交易市場是一群人的互動，大家的目的是拿走別人的錢，那麼市場對個別交易者要負什麼責任？市場除了遵守促進交易活動的規則外，沒有其他責任。重點是，要是你發現你把責任歸咎於市場，或是覺得遭到市場背叛，就代表你沒有充分考慮零和遊戲的意義。不管你的希望和想法是什麼，不管你花多少精力從事交易，如果你對市場有任何程度的怪罪，都表示你沒有接受市場對你毫無虧欠的現實。

一般的社會交易價值在市場上不會發生作用，如果你不了解這點，進而找出方法，化解你成長時社會標準和市場運作方式之間的差別，你會繼續把自己的期望、夢想和欲望，投射在市場上，認為市場會替你做什麼事情，市場沒有這樣做時，你會覺得憤怒、挫折、煩惱和遭到背叛。

負責表示在你認同的最深處，承認和接受你要為你的交易成敗負全責，而不是市場該負責。市場的目的確實是要拿走你的金錢，但是在這種過程中，也提供你無數機會，讓你從市場中賺到錢。價格波動代表當下所有參與者的集體行為。市場也會產生跟本身有關的資訊，使市場變得極為容易交易（當然要看參與交易的人數多寡而定）。

從個人觀點來看，價格波動、資訊和入市交易的方便性，代表你看出有什麼機會，可以根據你的看法行動的機會。市場每一刻都開放，你有機會建立部位、減碼、加碼或出脫部位，這些機會都能夠讓你獲利落袋和致富，最低限度也能夠讓你減少虧損。

現在我要問一個問題，你覺得自己要負責滿足其他交易者的期望、希望、夢想和欲望嗎？你當然不必負責，連問這個問題都顯得有點荒唐。然而，如果你發現自己怪罪市場，覺得遭到背叛，基本上你就是要別人為你負責，你期望所有市場參與者的集體行為，能夠促使市場滿足你的需要。你必須獨力學習怎麼從市場中，得到你想要的東西，這種學習過程中重要的第一步是負起全部的絕對責任。

負責表示你相信自己所有的結果都是自行產生的，相信你的成績起源於你對市場資訊的解讀、你所做的決定和所採取行動的結果。不肯承擔全部責任，會形成兩種重大心理障礙，妨礙你追求獲利。首先，你和市場會形成敵對關係，使你脫離持續流動的機會。其次，你會誤導自己，認為自己的交易問題和失敗，可以靠著市場分析矯正過來。

我們先看看第一個障礙，你把獲利或減少虧損責任中的任何一部分比率，投射到市場上時，市場非常容易變成你的對手或敵人，虧損（你期望市場會有不同行為時）會像我們童年時東西被人拿走、不能得到我們想要的東西，或是不能做我們想做的事情時一樣，產生同樣的痛苦、生氣、厭惡和無可奈何的感覺。

誰都不喜歡遭到否定的感覺，我們認為得到我們想要的東西會讓我們快樂時更是如此。在這種情況下，外界事物或外人阻止我們用特殊的方式表現自己，換句話說，這樣是外力阻止我們發揮內心欲望和期望的力量。

因此，我們自然認為市場具有生殺予奪大權的力量。但是從中立的觀點考慮，市場只是呈現本身資訊的事實，表示市場不知道你有什麼希望和期望，也不在乎你交易什麼部位，除非你的交易部位對價格會有重大影響，那就另當別論。否則的話，每一刻、每一項出價、每一項要價都是讓你採取行動的機會。你可能進行交易、獲利落袋或是認賠殺出。即使你是場內交易員，情形也是這樣，其他場內交易員也深切了解這一點，他們可能也知道你擁有什麼部位，可能刻意利用這種資訊，造成你的傷害，這點只是表示你必須更快、更集中精神，或是考慮接受你在這些領域中受到的限制，依據這種限制進行交易。

從市場的觀點來說，每一刻都是中立的，對於旁觀者的你，每一刻和每一個價格變化可能都有意義，但是這些意義存在什麼地方？意義是以你所學到的東西為基礎，存在你的內心裡，而不是呈現在市場上。市場對自己產生的市場資訊不會賦予意義，或是加以解讀（不過要是你樂意聽的話，總是有人會提供解讀）。此外，市場不知道你怎麼定義機會或虧損；不知道你是否把市場視為無休無止的流程，因為你時時刻刻可以進行交易，追求利潤或虧損；也不知道你是否把市場視為貪婪的怪獸，隨時準備吞噬你的金錢。

如果你認為市場是無休無止的機會流程，可以讓你在沒有自我批評和後悔的情況下進行交易，那麼你就是處在最好的心態架構中，可以根據自己的最大利益和從經驗中學到的東西，採取行動。另一方面，如果你認為市場資訊多多少少會讓你痛苦，那麼你自然會設法避免這種痛苦，你會在有意或無意之間，阻止自己了解這種資訊。在阻止這種資訊的過程中，你會有系統地阻止自己利用很多致富的機會。換句話說，你會把自己排除在機會流程之外。

此外，你會覺得市場跟你作對，完全是因為你預期市場替你做什麼事情，或是你認為市場對你有什麼虧欠。如果有人或有什麼事情跟你作對，造成你的痛苦，你可能會有什麼反應？你會有一種必須起而奮戰的感覺，但是你到底跟誰奮戰？市場的確沒有跟你作對。不錯，市場希望拿走你的錢，但是市場也提供你機會，讓你儘量賺錢。雖然你可能覺得自己跟市場奮戰，或是市場跟你作對，實際上你只是跟不完全接受市場對你毫無虧欠觀念形成的不利影響奮戰，因此你必須百分之百、完完全全靠自己的力量，從市場機會中得到好處。

你得到無限的機會，可以為自己採取什麼行動時，要從這種情況中得到最大的利益，方法是投入這種機會流程。市場的確具有一種流程，流程經常很怪異，在比較短的時間架構中更是怪異，但是市場確實會有系統地展現一再重複的型態。和你對抗的東西逆勢而行，顯然是一種矛盾，如果你希望開始察覺市場的流向，你心裡必須相當程度地擺脫恐懼、憤怒、後悔、背叛、絕望和失望的感覺。你承擔絕對責任時，就沒有理由體驗到這些負面的情感。

我先前說過，你不承擔責任時，可能妨礙你成功的主要心理障礙之一是：你會誤導自己，認為自己的交易問題和不能長期獲利，可以靠著市場分析改正。為了說明這一點，我們回頭看看我們所說的交易新手，這位新手開始交易時，抱著無憂無慮的心態，一直到碰到第一次虧損為止。這麼輕鬆地獲利後，突然碰到情感上的痛苦，可能令人相當震驚——但是還沒有震驚到放棄交易。此外，交易新手心中仍然認為，這種情況根本不是自己的錯誤，是市場造成的。交易新手不會退場，先前獲利時的完美感覺會讓他重新振作，會啟發他繼續交易的決心。

但是他現在會下定決心，用更精明的態度進行交易，他會在交易時花一點精神，或盡其所能地了解市場資訊。這種想法非常合乎邏輯，因為如果他在一無所知的情況下，都能夠獲利，要是他有了一些知識，更應該能夠大獲全勝。但是其中有一個大問題，就是絕大部分的交易者都要在損害出現很久之後，才知道損害已經形成。了解市場是好事，本身不會造成問題，了解市場背後的原因，最終他會發現此舉是白費心機。

我剛剛說過，突然從快樂變成痛苦，通常會產生相當大的心理震撼。很少人學過用健全的方式，化解這種經驗。現在已經有相關的技巧，但是知道的人不多。大部分人典型的反應是報仇，喜歡交易的人尤其如此。對交易者而言，報仇唯一的方法是征服市場，征服市場唯一的方法是利用市場知識，至少他們是這樣想。換句話說，交易新手了解市場，基本目的是要克服市場，向市場和自己證明什麼東西，最重要的目的是要阻止市場再度傷害自己。他了解市場，目的不只是為了學習獲勝之道，而是為了避免痛苦，或是為了證明跟客觀理解市場絕對沒有關係的事情。他不知道這一點，但是他一旦認定了解市場可以使他不再碰到痛苦，或是可以協助他滿足復仇或是證明什麼事情的願望，他就註定會變成輸家。

事實上，他所做的事情是形成一種無法化解的兩難，他努力學習辨認和了解市場的集體行為型態，這一點是好事，甚至會讓人覺得愉快，他受到激勵，是因為他認為了解市場可以變成贏家。因此，他通常會努力追求知識，學習趨勢線、價量圖表、支撐、壓力、K線圖、市場概況、點線圖、艾略特波浪、費波納奇折返線、相對強弱勢、KD隨機指標和多到無法說明的技術分析工具。奇怪的是，他的知識增加了，卻發現自己碰到了執行交易的問題，他會猶豫不決、事後批評自己，或是看到很多進行交易的明確信號，卻不進行交易。這一切令人難過，甚至令人氣憤，因為他碰到的事情沒有道理。他做了他該做的事情，就是努力學習，卻發現自己學的越多，能夠利用的越少。他絕對不會認為自己努力學習有什麼不對，只是他學習的原因不對。

就這點而言，如果他想證明什麼事情或任何事情，他就不能有效地交易。如果你一定要追求勝利、如果你一定要正確、如果你不能虧損、不能犯錯，你一定會告訴自己，要把某些市場資訊認定為令人痛苦的資訊。換句話說，你會把市場產生的資訊、把不能讓你快樂的市場資訊，都認為是令人痛苦的資訊。

其中的兩難是：我們的頭腦經過演化，已經變成一定會避免身體和情感上的痛苦，了解市場不會彌補避免痛苦機制對交易形成的負面影響。每一個人都了解避免身體痛苦的本質，意外地把手放在滾燙的爐子上，你的手會自動離開熱源，這是本能反應。然而，說到避免情感痛苦和情感痛苦造成的負面影響，很少人了解其中的機制，交易者尤其不了解。了解這種負面影響，學習怎麼用有助於達成目標的方式，有意識地控制這種影響，對你的發展絕對重要之至。

我們的頭腦有很多方法，隔離我們明知會造成我們痛苦的資訊。例如，在有意識的水準上，我們可能合理化、正當化，甚至找到繼續維持虧損部位的理由。這樣做常見的方法包括打電話給交易夥伴、跟營業員談話，或是注意我們從來不利用的指標，這一切作法的目的都很清楚，就是搜集讓人不痛苦的資訊，以便否定讓人痛苦的正確資訊。我們的頭腦會在下意識裡，自動改變、扭曲或特別排除我們意識層面中的資訊。換句話說，我們在意識層面上，不知道避免痛苦的機制正在排除或改變市場所提供的資訊。

想一想市場持續創新高或新低時，你抱著虧損部位，同時你拒絕承認自己的部位是虧損的，因為你把所有的精神，都放在對你有利的波動上。一般而言，四、五次波動中，只有一次波動符合你操作的方向，但是這點並不重要，因為每次你找到一項證據，你就會相信市場已經反轉，恢復原來的走勢。結果市場走勢和你的期望繼續背離，到了某一個時點，虧損金額變得太大，你再也不能否定，終於出脫部位。

交易者檢討這種交易時，第一個反應通常都是：「為什麼我不乾脆認賠，進行反向交易？」一旦不涉及利害關係時，你很容易看出進行反向交易的機會，但是我們擁有部位時，會對這種機會視而不見，因為當時的資訊顯示，我們把這種機會定義為會讓我們痛苦的機會，我們因此阻止自己認知這種機會。

假設交易者進行第一次交易時，覺得很有趣，覺得無憂無慮，他沒有什麼個人目標，也不需要證明什麼。只要他繼續獲利，他就會從「我們看看會有什麼結果」的觀點，看待自己的交易，他獲利的次數越多，越不會考慮虧損的可能性。等到他終於碰到虧損時，他很可能處在最不預期會虧損的心態中，他不會認為自己覺得痛苦，原因是自己預測市場應有行為時出了錯誤，他會把責任歸咎給市場，決心學習市場知識，以便預防這種經驗再度發生。換句話說，他的觀點會從無憂無慮，急劇改變為避免虧損、預防痛苦的感覺。

問題是靠著避免虧損、預防痛苦行不通。市場會產生行為型態，型態會重複出現，但是並非每次都重複出現，因此不可能有什麼方法可以避免虧損或犯錯。我們的交易新手不會了解這種交易現實，因為他背後有兩股強大的驅策力量：第一，是他迫切希望找回那種勝利的感覺；第二，是他對學到的市場知識極為熱衷。他不了解的是，雖然他很熱衷，但他的心態從無憂無慮，變成預防與防止的思考模式時，態度也從積極變為消極。

他不再只注意追求勝利，而是注意怎麼避免市場再度傷害他。拿他和努力不犯錯的網球或高爾夫球選手相比，他們的消極觀點沒有什麼不同，結果是越努力不犯錯，犯的錯越多。然而，要在運動比賽中看出這種思考模式容易多了，因為注意力和結果之間的關係比較明顯。在交易中，這種關係可能隱晦不明，比較不容易看出來，因為從找到市場資料與行為之間新關係中產生的積極感覺，比較不容易看出來。

因為交易新手覺得愉快，他沒有理由懷疑有什麼地方不對，但是他把精神放在避免痛苦上的程度，和他將來會製造的痛苦程度相當。換句話說，他越覺得必須獲利、越不能虧損，對於顯示他可能無法達成目標的資訊，就越不能容忍。他排除掉的資訊越多，對於能夠根據自己最大利益行動的機會，就越發不可能看出來。

如果加強了解市場的目的只是避免痛苦，這種作法會使交易者的問題複雜化，因為他了解的越多，對市場的期望自然會變得越多，市場不如他意的時候，他會變得更痛苦。他在無意之間，落入出惡性循環，陷入了解越多、越覺得虛弱無力的狀態，越覺得虛弱無力，他會覺得越需要學習。這種惡性循環會延續到他憤恨地退出交易，或是體認到交易出問題，根本原因是自己的觀點出了問題，不是缺乏市場知識。

贏家、輸家、旺家、衰家

大部分交易者要經過一段時間才會投降，才會發現真正的成功之道。同時，有些交易者會設法得到足夠的正確交易知識，進入一般人所說的「盛衰循環」。

有些讀者可能從交易新手的例子中，得到結論，認為每一個人天生都抱著負面的態度。實際情形正好相反，並非每一位交易者都是這樣，因此註定會長期虧損。不錯，的確有一些交易者持續虧損，經常虧到賠光一切，或是虧到不能再容忍更多的情感痛苦，因而退出交易為止。然而，也有很多交易者孜孜不倦地在市場中學習，完全學到贏家態度，進而能夠靠著交易獲利。因此，他們雖然碰到很多問題，最後還是學會了賺錢之道。但是我要強調的是，他們學到的賺錢之道基礎很有限，沒有學到怎麼對抗欣喜若狂的不利影響，也沒有學到怎麼矯正自我破壞的力量。

欣喜若狂和自我破壞是兩種強大的心理力量，對你的交易績效會有極為不利的影響。但是在你開始獲利或開始持續獲利前，你不會關心這兩種力量，這點就變成了大問題。你獲利時，大概至少會關心可能成為問題的事情，尤其是像欣喜若狂一樣美好的感覺。欣喜若狂有一個主要特性，就是會讓人產生極度自信的感覺，讓人幾乎想像不到有什麼地方會出問題。相反的，因為自我破壞而產生的錯誤起源於各種衝突，起源於交易者覺得應該賺錢或應該成功時的衝突。

你獲利時，最容易出錯、過度交易、建立過大的部位、違反自己的規則，或覺得操作時，行為似乎大致上不需要適度規範。你甚至可能走極端，自我膨脹認為自己就是市場。然而，市場很少認同你，市場不認同你時，你會受到傷害，伴隨而來的虧損和情感痛苦通常很嚴重，你一定會經歷盛極而衰的過程。

如果要我根據交易者創造的成就，為交易者分類，我會把交易者分成三大類。最少的一類在積極交易者當中，所占的比率大概不超過一〇%，是長期賺錢的贏家。他們的資產曲線穩定上升，偶爾會出現幅度相當小的減少，資產減少時，通常表示他們碰到任何交易方法或系統都會產生的正常虧損。他們不但學會怎麼賺錢，也不再受到引發盛衰循環的心理力量所左右。

第二大類是長期輸家，他們大約占積極交易者的三〇%到四〇%。他們的資產曲線是長期贏家資產曲線的倒影，只是方向正好相反，他們虧損的交易很多，偶爾才會有一次交易獲利。不管他們有多久的交易經驗，他們沒有學到的地方還是很多，他們不是誤解交易的本質，就是沉迷在這種錯覺中，因此幾乎不可能變成贏家。

人數最多的一類是「旺家兼衰家」，他們占積極交易者的四〇%到五〇%。他們學會了怎麼賺錢，卻不知道如何保住利潤的交易技巧。因此，他們的資產曲線看起來很像雲霄飛車，在大幅穩定上升後會急劇下降，接著是另一次大幅穩定上升，然後是另一次急劇下降，雲霄飛車式的循環不斷出現。

我曾經跟很多經驗豐富的交易者合作過，他們曾經創造令人難以相信的連續獲利記錄，有時候連續好幾個月獲利，沒有虧損過一次；對他們來說，連續十五到二十筆交易獲利並不稀奇。但是這種連續記錄總是以相同的方式結束，就是在欣喜若狂或自我破壞造成的嚴重虧損中結束。

如果虧損的原因是欣喜若狂，連續獲利的形式如何，其實並不重要，無論是一連串的交易獲利、穩定上升的資產曲線或是只有一次交易獲利，都不重要。過度自信或欣喜若狂什麼時候開始控制思考過程，每一個人似乎都有不同的門檻，然而，欣喜若狂一取得控制，交易者就會碰到嚴重問題。

處在過度自信或欣喜若狂的狀態時，因為你認為絕對不會有什麼地方出問題，你就看不出風險。如果沒有什麼地方會出問題，就不需要規則或界限規範你的行為，因此建立比平常還大的部位不但深具吸引力，也是勢在必行的事情。

然而，你一旦建立比平常還大的部位後，你就陷入危險中。部位越大，價格小幅波動對你資產的衝擊越大。波動對你的部位產生的衝擊比正常情況大，加上你絕對相信市場會照著你的預期發展，情況就會變成只要價格背離你操作的方向一檔，你就可能陷入「心智凍結」的狀態，變得無法動彈。

你最後從這種狀態中脫身而出時，你會覺得訝異、失望、遭到背叛，你會奇怪怎麼可能發生這種情形。事實上，是你自己的情感背叛了你。然而，如果你不知道或不了解我剛剛說明的基本機制，你會別無選擇，只能把責任歸咎於市場。如果你認為市場這樣對付你，你會覺得必須多了解市場，以便自保。你了解的越多，自然會對自己的獲利能力越有信心。到了某一個時候，你越可能跨越門檻，進入欣喜若狂的狀態，循環會重新開始。

如果虧損是因自我破壞造成的，殺傷力可能一樣大，但是本質通常比較複雜。犯下應該委託買進時卻委託賣出，或是犯下正好相反的錯誤，或是在最不適當的時刻，從事一些讓你分心的活動，是交易者害自己不能獲利的典型例子。

哪有人會不想獲利？問題其實不是誰想要什麼東西的問題，因為我認為，所有交易者都希望獲利。但是跟獲利有關的想法之間經常有很多衝突，有時候衝突的力量非常大，以致於我們發現，我們的行為正好跟我們的期望直接衝突。這種衝突可能起源於宗教上的教育、工作紀律或兒童時期的某種創傷。

如果這種衝突存在，就表示你的心理和你的目標不搭調。換句話說，你的全身上下並非一心一意追求同樣的結果。因此，你不能認為，只要你學會了交易竅門，市場上又有很多錢讓你賺，你就有能力賺到無限的獲利。

某大交易公司的一位期貨經紀人說過，他看待顧客時，是懷著「所有商品交易者都是無可救藥」的想法，他的責任是讓交易者快樂，直到交易者玩掛了為止。他這樣說時，帶著開玩笑的性質，但是他的話很有道理。如果你虧的錢比賺的錢還多，你顯然不可能存活。還有一點較不顯著的，就是即使你賺錢，你仍然可能走到盡頭。換句話說，如果你交易獲利，卻沒有學會怎麼在自信和自制之間，追求健全的平衡，或是沒有學會怎麼看出你一定會自我毀滅的可能性，設法補救，那麼你早晚都會虧損。

如果你是屬於處在盛衰循環中的交易者，請你考慮下面這件事：如果你因為錯誤或魯莽而虧損的每一筆交易，可以重來一次，你現在應該會有多少錢？重來一次、重新計算後，你的資產曲線會有什麼變化？我敢說很多讀者都會變成長期贏家。現在再想一想你碰到虧損時會有什麼反應，你是否承擔虧損的所有責任？是否設法看出應該怎麼改變自己的觀點、態度和行為？是否看著市場，心想你應該了解市場的哪一個部分，才能預防再度虧損？市場跟你魯莽冒進的可能性顯然毫無關係，市場和你犯的錯誤——因為某些內心衝突造成的錯誤——也完全沒有關係。

你的態度或心態並非是由市場創造出來的，這個觀念大概是交易者最難吸收的觀念，市場只是鏡子，把鏡子裡的東西向你反映回來。如果你很有信心，不是因為市場讓你覺得有信心，而是因為你的信念和態度搭配得宜，讓你可以進入某種經驗中，為結果負責，從中吸收教訓。你能夠維持信心十足的心態，完全是因為你不斷地學習。相反的，如果你覺得憤怒和害怕，是因為你多多少少都認為，你的結果是市場造成的，而不是你的結果創造了市場。

最後，不負責最糟糕的結果，是你會繼續淪落在痛苦和不滿的循環中。你可以想一想，如果你不為自己的成果負責，你就可能認定自己不需要學習什麼，可以徹底維持現狀。你不會成長，也不會改變，會用完全相同的方式看事情，也會用同樣的方式處理事情，得到同樣不滿意的結果。

你也可能認為，要解決你的問題，方法是多學習市場知識。學習總是好事，但是如果你不為自己的態度和觀點負責，你就是基於錯誤的理由，學習一些有價值的東西，錯誤的理由會促使你用不正確的方法，利用你所學到的東西。你不了解這一點，就會用你的知識，避免為冒險負責。在這種過程中，你最後會創造你想要避免的東西，使你繼續淪落在痛苦和不滿的循環中。

然而，如果你把想得到什麼東西，卻沒有得到的責任，歸咎於市場，這樣做有一個有形的好處，你可以暫時避免嚴厲的自我批評。我說「暫時」，是因為你轉移責任時，切斷了學習機會，不能從經驗中學到必須學的東西。請記住，我們把追求勝利的態度定義為：對你的努力抱著積極的期望，接受你得到的任何結果完全反映你的發展水準，也完全反映你有什麼地方需要學習和改進。

如果你轉移責任，希望避免隨著嚴厲批評自己而來的痛苦感覺，你只是在傷口上貼了受到感染的急救膠帶。你可能以為問題已經解決，其實只是把問題延到未來，以更惡劣的形式重新浮現。結果一定是這樣，原因完全是你沒有學到任何東西，對於交易經驗不能做出能夠帶來該更滿意的解讀。

你是否想過，為什麼賺不到錢常比認賠還痛苦？我們虧損時，可以用很多方法把責任轉移給市場，不承擔責任。但是我們看到錢卻賺不到時，我們不能歸咎市場，市場並沒有做什麼事，只是提供機會，但不管原因是什麼，我們卻不能好好地利用機會。換句話說，我們無法用合理化的方式消除痛苦。

你不必為市場的作為或不作為負責，卻要為你交易活動產生的所有結果負責。你要為你學到的東西負責，也要為你還沒有學到、等待你去發現的一切負責。要發現你需要什麼東西才能成功，最有效的方法是培養追求勝利的態度，因為這種態度是天生具有創造力的觀點。追求勝利的態度不但會打開你需要學習的一切，也會產生一種心態，讓你容易之至的發現別人沒有經歷過的事情。

培養追求勝利的態度是你能否成功的關鍵。很多交易者的問題是自認已經培養出這種態度，實際上卻沒有，不然就是希望市場以送給他們交易獲利的方式，為他們培養這種態度。你要負責培養自己追求勝利的態度，市場不會為你代勞。而且我非常強調，如果你沒有培養出追求勝利的態度，再多的市場分析都於事無補。了解市場會讓你得到所需要的優勢，創造一些交易利潤，但是如果你沒有追求勝利的態度，這種優勢不會讓你變成長期贏家。

當然有人會說，有些交易者會虧損，是因為不夠了解市場，才會犯錯。這種說法聽起來可能很有道理，我的經驗卻告訴我，交易者如果抱著輸家的態度，不管他多了解市場，都會進行錯誤的交易。總而言之，結果都相同，交易者都會虧損。另一方面，交易者如果抱著追求勝利的態度，即使對市場幾乎一無所知，仍然能夠看出什麼交易會獲利，進而進行這種交易，要是他們很了解市場，就可以看出更多機會，進行更多獲利的交易。

如果你希望把恐懼的市場經驗，變成信心十足的感覺；如果你希望把資產曲線從起伏不定，變成穩定上升，第一步是切實負責，不再期望市場白白送你什麼東西，不再期望市場替你做好什麼事情。如果你下定決心，從此以後一切都要靠自己，市場就不再是你的對手。如果你不再跟市場對抗——其實是不再跟自己對抗，你會驚訝地發現，自己會明快地看出你還要學些什麼、要多久時間學會。承擔責任是贏家態度的基石。

第四章 持續一貫是一種心態

我希望你看完前三章後，已經了解即使你已經以交易者的身分進行交易，不表示你已經學會正確思考交易的方法。我強調過很多次，最高明的交易者和大家不同的地方，不是他們的行為和交易時機與眾不同，而是他們思考交易行為和時機的方式與眾不同。

如果你的目標是像專家一樣交易，變成長期贏家，那麼你從一開始交易，就必須認定解決之道存在你心中，而不是存在市場上。持續一貫是一種心態，這種心態的核心是交易特有的一些基本思考策略。

只要交易賺過幾次錢，每個人幾乎都會以為交易很容易。你回想一下自己的經驗，想一想為你帶來連串獲利的交易，實際上你只是做了簡單的買賣決定而已。現在如果你合併考慮你從獲利中得到的極為樂觀感覺，以及你不費吹灰之力就賺到的錢，你幾乎一定會得到交易賺錢很容易的結論。

如果情形確實是這樣，如果交易這麼容易，為什麼要精通交易這麼難？為什麼這麼多交易者費盡心思，也解決不了其中明顯的矛盾？如果交易確實很容易——交易者知道的確是這樣，因為他們直接體驗到交易容易之至，又不費吹灰之力——為什麼交易者不能一再利用所學到的市場知識，替自己賺錢？換句話說，我們對交易信念和長期交易成果之間的矛盾，應該怎麼評估？

交易信念

答案完全要看你怎麼看待交易而定，諷刺的是，交易可能像你偶爾體驗到的情形一樣，十分有趣、十分輕鬆；但是要長期體驗這種特性，卻要看你的觀點、信念、態度或心態而定。你可以選擇自己覺得最適合的名詞，所有名詞指的都是同一件事：勝利和長期獲利跟快樂、有趣和滿足一樣，都是一種心態。

你的心態是信念和態度的副產品，沒有正確的信念和態度，你還是可以設法創造長期獲利，但是結果和不快樂卻想變得快樂一樣，不會有任何差別。你不覺得快樂時，想突然變成覺得快樂可能很難。

這種情形當然可能突然變化，使你覺得快樂。不過這時你的心態是外在狀況變化的結果，不是內在態度變化的結果。如果你快樂與否，要由外在條件和情勢決定（你才能總是樂在其中），那麼你非常不可能長期覺得快樂。

然而，你可以靠著培養有趣的態度，大大提高快樂的可能性，說得更明白一點，你可以努力中和妨礙你尋找樂趣或樂在其中的信念與態度。能夠創造長期成就的交易者就是這樣做，要創造長期成就，你不能依賴市場，同樣的要長期體驗到快樂，你也不能依賴外在世界。真正快樂的人不必做什麼事情就會快樂，他們原本就是快樂的人。

交易者能夠創造持續獲利，其實是持續、自然的表現本性：他們不必設法維持持續性，他們本身就具有持續性。這種說法似乎很抽象，但是了解這種區別很重要。持續一貫不是靠著努力就可以得到的東西，因為努力本身會從心智上否定你的意願，促使你脫離機會流程，使你比較不可能獲利，比較可能虧損。

你最高明的交易都是不費功夫的輕鬆交易，你不必努力把交易變得比較輕鬆，交易本身就很輕鬆，其中沒有努力奮鬥，你正確看出你需要看出的事情，根據你看到的東西採取行動。你和當時的時機合而為一，和機會流程中的這一環合而為一，你配合流程時不必努力，因為你可以隨心所欲，利用你所知道的所有市場知識，沒有什麼東西能夠阻止你，或妨礙你了解市場資訊，你的行動似乎不費吹灰之力，因為其中沒有抗拒或奮鬥。

另一方面，如果要努力，那就表示其中有某種程度的抗拒或阻力，否則的話，你應該去做就行了，而不必努力嘗試。這點也顯示你努力想從市場中得到你想要的東西。這種思考方式看起來很自然，其中卻有很多問題。最高明的交易者自然處在流程中，因為他們不嘗試從市場中得到什麼，只是讓自己做好準備，以便隨時可以利用市場提供的東西。這兩種觀點有很大的差別。

第三章曾經簡略說明我們的頭腦經過進化，會避免身體和情感上的痛苦。如果你進行交易時，基本出發點是要從市場中得到你想要的東西，市場不能滿足你的期望時，會有什麼結果？你心裡的防衛機制會啟動，填補你想要卻得不到所形成的差異，以免你感受到情感上的痛苦。我們的頭腦經過設計，會自動阻止帶有威脅性的資訊，或設法隱瞞這種資訊，以便保護我們不會因為想要的東西得不到，而感受到情感上的不安。你當下不會了解這一點，但是你會挑選符合你期望的資訊，以便維持沒有痛苦的心態。

然而，你努力維持沒有痛苦的心態時，也帶領自己脫離機會流程，進入「可能」、「應該」、「一定」和「要是如果」的領域中。這種情形都是你可能、應該或一定會看出來，當時你似乎都看不到的東西，等到事實發生後，或機會失去很久之後，一切都會變得很清楚，讓你覺得痛苦。

要維持長期獲利，你思考交易問題時，必須學會思考不受心智過程有意或無意的影響，以免你依據能夠讓你快樂、讓你滿足期望或讓你避免痛苦的東西為基礎，隱瞞、阻止或選擇資訊。

痛苦的威脅會產生恐懼，你可能犯的錯誤當中，九五%的起因是恐懼。如果你一再犯錯，你當然不可能長期獲利，或是體驗到機會的流動，只要你擔心你想要的東西不出現，你就會犯錯。此外，你進行交易時想做的一切事情，都會變成辛苦奮鬥，變成好像你和市場對抗，或是市場在對付你個人。但實際上，這一切都是在你心裡發生的事情。市場不會解讀本身提供的資訊，解讀的人是你。如果其中有什麼辛苦奮鬥，是你自己和內心的抗拒、衝突、恐懼奮鬥。

你現在可能會問自己，如何才能以不再害怕的方式，思考交易問題，進而使自己不再受心智過程的影響，讓你不再阻擋、隱瞞和選擇資訊？答案是學會接受風險。

真正了解風險

除了第三章所說和負責任有關的很多問題之外，跟交易有關的問題當中，沒有一個問題像接受風險的觀念一樣，對你的成功具有這麼大的影響力，又最常受到誤解。第一章說過，交易者大都誤以為因為自己從事具有潛在風險的交易活動，就代表他們已經接受這種風險。我要再說一遍，沒有什麼想法比這種想法更背離事實。

接受風險表示你接受交易的後果，在情感上卻不會不安、不會恐懼。這點表示你思考交易、思考你和市場的關係時，必須學會不讓犯錯、虧損、錯過機會或把賺不到錢的可能性，引發你心中的防衛機制，引導你脫離機會流程。如果你覺得後果很可怕，冒險進行交易對你沒有什麼好處，因為恐懼會影響你對資訊的看法，影響你的行為，促使你做出你最害怕又一心想避免的事情。

我要教你一招特別的思考策略，這種策略由能夠讓你專注當下和專注機會流動的一套信念組成。你從這種觀點看待交易，就不會想從市場中得到任何東西，也不會避免任何東西。你會讓市場自然開展，讓你自己做好準備，利用你視為機會的任何狀況。

你做好利用機會的準備時，不會對市場的行為訂出任何限制或期望，你會對市場的自主行動絕對滿意。然而，在市場自主行動的過程中，市場會產生一些你視為機會的狀況，你會盡力利用這種機會，採取行動，但是你的心態不會由市場行為決定，也不受市場行為的影響。

如果你學會創造不受市場影響的心態，就不會再有辛苦奮鬥。內心的奮鬥消失後，一切都會變得很容易。這時，你可以充分利用你所有的分析技巧和其他技巧，全力發揮你的交易潛力。

你會碰到下面的挑戰。就是在你認知風險的同時，你會覺得不安和恐懼，這樣你怎麼能夠接受交易風險，卻不覺得情感不安和恐懼？換句話說，在你絕對確定自己可能錯誤、虧損、錯過機會或怕賺不到錢時，你怎麼能夠保持信心十足和沒有痛苦的態度？你可以看出來，你恐懼不安的感覺很有道理，也很理性，你考慮和市場互動時，這些可能性中的每一種，都會變得很真實。

然而，對每位交易者來說，這些可能性都一樣真實。但是交易者對錯誤、虧損、錯過機會或賺不到錢的意義卻不正確或不相同。每個人對這種可能性的信念和態度不盡相同，因此，大家的情感敏感性也不相同。換句話說，不是每一個人都害怕同樣的事情。這一點看起來很明顯，但是我跟你保證實際上並不明顯。我們害怕時，感受到的情感不安極為真實，毫無疑問，我們自然會認為每個人都跟我們一樣，了解我們碰到的現實狀況。

我要舉出一個完美的例子，證明我說的話。我最近跟一位非常怕蛇的交易者合作，就他的記憶所知，他一直怕蛇，因為他記不起自己曾什麼時候不怕蛇過。他已婚，有一個三歲大的女兒，有一天晚上，他太太出差在外，他女兒和他受邀到朋友家裡共進晚餐，他不知道朋友的小孩養了一條蛇當寵物。

當朋友的小孩把蛇拿出來讓大家看時，我的客戶急忙逃避，實際上差不多等於是跳到房間的另一端，希望盡量避開蛇。然而，他女兒卻對蛇著迷，不願離開。

他告訴我這個故事時，說不只意外碰到蛇讓他深感震驚，他女兒的反應也讓他一樣震驚。她不怕蛇，他卻以為她應該怕蛇。我對他解釋說，他的恐懼極為強烈，對女兒也極為關心，以致於不能想像女兒跟他不一樣，不會怕蛇。但是我接著指出，除非他刻意教她怕蛇，或是她自己有過痛苦和害怕的經驗，不然他女兒不可能天生擁有和他相同的體驗——怕蛇。既然她心中對蛇沒有不好的印象，她第一次碰到活蛇時，最可能的反應是純粹而徹底地著迷。

就像我的客戶認為他女兒應該怕蛇一樣，大部分交易者認為，最高明的交易者像他們一樣，也怕犯錯、虧損、錯過機會和賺不到錢。他們以為，最高明的交易者大致會用十足的勇氣、鋼鐵般的意志和自我紀律，中和自己的恐懼。

就像跟交易有關的其他事情一樣，似乎有理的事情根本沒有道理。最高明的交易者的確可能具有這些特性，但是說這些特性對他們的優異表現有影響卻不正確。需要勇氣、鋼鐵般的意志或自我紀律，表示內心有衝突，必須利用一種力量對付另一種力量的影響。跟交易有關的任何奮鬥、嘗試或恐懼都會引導你，從適當的時機和機會流程中退出來，使你的成就大為失色。

這點正是專業交易者和大家真正不同的地方，如果你像贏家一樣接受風險，你看任何市場行為時，就不會覺得受到威脅。如果沒有東西威脅你，你就沒有應該害怕的東西，如果你不害怕，你就不需要勇氣，如果你沒有承受壓力，你為什麼需要鋼鐵般的意志？如果你已經建立了適當的檢視機制，不怕自己可能變得魯莽，那麼你就不需要自我紀律。你考慮我這些話的意義時，我希望你記住一點：開始交易生涯時，對責任和風險具備適當信念與態度的人很少，的確有人會這樣，但是很少見，其他人都會經歷我所說交易新手的相同循環：開始時無憂無慮，然後會變得害怕，害怕會持續削弱我們的潛能。

交易者如果能夠打破這種循環，達成目的，最後都可以學會不再逃避，而是開始擁抱責任和風險。打破這種循環的人大都要到經歷龐大虧損，碰到極多的痛苦，放棄對交易本質的幻想後，思考方式才會改變。

就你的發展而言，「如何」改變不是這麼重要，因為改變大都是在不知不覺中產生。換句話說，大家完全不知道心理發生的變化，要等大家體驗到新觀點對他們和市場互動的方式，產生良好的影響後，才會知道。這就是為什麼最高明的交易者當中，沒有多少人能夠確實說明自己成功的原因，只能說「停損」和「順勢而為」之類的銘言。重要的是，即使你的直接交易經驗指向相反方向，你還是必須了解，你可以做到像專家一樣思考，交易時沒有任何恐懼。

調整你的心理

我們現在要開始鎖定到底有什麼方法，可以讓你調整心理，以便接受風險，像專業交易者一樣運作。到目前為止，我所說的東西目的都是希望你做好準備，以便完成這種真正的任務。我要教你一種思考策略，這種策略的核心是堅定相信機率和優勢。學到這種新思考策略後，你會學到怎麼跟市場建立新關係，擺脫錯誤或虧損的交易，使你不再把有關市場的一切看成具有威脅性。痛苦的威脅消除後，恐懼同時會消失，以恐懼為基礎的錯誤也會消失，你的心智也會變得自由自在，可以看出市場上的一切，而且根據你看到的東西採取行動。

你要花一點功夫，才能建立這種無憂無慮、無畏無懼的心態，但是這樣做沒有你想像的那麼難。事實上，大部分讀者只要看了本書，都會驚訝地發現，要解決自己的問題非常簡單。

從很多方面來看，心態或觀點好像軟體碼，你可能寫了幾千行十分完美的軟體碼，只有一行出了差錯，出差錯的那一行裡，可能只有一個符號放錯位置。依據軟體的目的和錯誤的性質，符號放錯位置，可能摧毀原本十分完美的軟體碼功能。你可以看出來，解決之道很簡單，就是改正放錯位置的符號，一切就會順利運作。然而，一開始時要找到錯誤，甚至要知道有錯誤存在，可能需要相當多的技術。

談到理想的交易心態時，每個人離這種心態都有一些心理距離。換句話說，幾乎每個人都是從有缺陷的軟體碼開始。我用點擊或程度之類的名詞，說明心理距離，但是這些名詞不代表特定的距離。例如，很多讀者會發現，自己的觀點和理想的心態之間，只有一次點擊的距離。這一次點擊可能代表你對交易本質的假設有一、兩個錯誤。你思考本書談到的一些觀念後，觀點可能改變。借用軟體碼的比喻，這種改變等於你找到心智系統中出錯的一行，用正確的東西取而代之。

大家通常把這種內部心理變化，說成是「靈光一閃」的經驗，或是頓悟的時刻。每個人都有這種經驗，這種經驗有一些共同特性。首先，大家通常會覺得不同，連世界看起來似乎都突然改變了。我們談到這種突破時刻時，通常會說：「為什麼你以前不告訴我這件事？」或是說「這種東西一直都在我眼前，但我就是看不出來」，或是說「這件事太簡單了，為什麼我以前看不出來？」靈光一閃的經驗有另一個有趣的現象，就是在某些時段的某段時間裡——雖然時間的長短可能不同——我們會覺得我們認同的這個新因素，似乎總是自己的一部分，然後我們會變得難以相信我們體驗這種經驗前，會一直保持過去那種樣子。

簡單的說，你多少已經知道，要成為長期成功的交易者，大概需要知道哪些東西。但是知道什麼東西，不會使這種東西自動變成你身體功能的一部分。了解不見得會變成信念，你不能認為學會和同意什麼新東西，等於對新東西相信的程度，到了可以據以採取行動的地步。

以我那位怕蛇的客戶為例，他一定知道不是所有的蛇都很危險，學習怎麼區別危險和不危險的蛇，應該不會很難。學到怎麼區別後，是否能夠突然使他不再害怕「不危險的蛇」？我們是否能夠假設他的了解會深化到他心裡，使他現在和蛇互動時，不再害怕或動彈不得？不能，我們不能做這種假設。他了解有些蛇不危險和他對蛇的恐懼，可以在他的心裡共存，就像對立的矛盾共存一樣。你可以拿蛇對著他，他可能承認他知道這條蛇不危險，不會傷害他，但同時他會發現，即使他想摸蛇，要他去摸還是極為困難。

這點是否表示他餘生裡，註定要怕蛇呢？只有他希望這樣時，才會變成這樣。這一點其實是意願的問題，一定有什麼方法，可以中和他的恐懼，但是他必須努力這樣做，努力做什麼事情需要有足夠的動機。很多人知道自己的某些恐懼不理性，卻決定跟這種矛盾和平共存，因為我們不希望耗費精神，克服這種恐懼。

上述例子裡的矛盾很明顯。然而，我從和交易者合作的多年經驗中，找出了跟風險和責任問題有關的很多種典型矛盾和衝突，不管你多麼希望成功，抱著兩種以上對立的信念，很容易抵消你的積極意願。問題在於這些矛盾其實不是這麼明顯，至少乍看之下不是很明顯。

然而，矛盾信念不是唯一的問題，一般交易者通常會認為自己已經是「甘冒風險的交易者」，而且把這種想法深化到變成實用階段的信念，實際上，他們理解市場的根本動機方式卻顯示他們盡其所能地逃避風險，碰到這種情形該怎麼辦？

矛盾信念和不實用的認知，代表有缺陷的心智軟體碼，這種軟體碼會摧毀你保持專注、達成目標的能力，也會使你看來像一隻腳踩在油門上、另一隻腳踩在煞車上一樣；這種軟體碼會造成交易方法的學習中帶有神祕性質，一開始時，這種情形會讓人覺得是有趣的挑戰，但是通常會變成純粹、毫無恐懼的怒火。

一九六〇年代我上大學時，最喜歡的電影是保羅紐曼（Paul Newman）主演的《鐵窗喋血》（Cool Hand Luke）。這部電影當時很賣座，因此我敢說，有些讀者在深夜電視節目中看過。保羅紐曼飾演的魯克關在喬治亞州的監獄裡，和很多囚犯鎖在一起。他第二次越獄被抓回來後，典獄長和守衛決心不讓魯克第三次愚弄他們，因此強迫他做特別多的苦工，不准休息，還一再地拷打他，一再地問：「你想通了沒，魯克？」魯克受到很多折磨後，終於告訴牢頭，說他想通了。牢頭說，如果他沒想通，再度嘗試逃獄，他們一定會殺了他。魯克當然再度試圖越獄，警衛真的就把他殺了。

很多交易者像魯克一樣，不管是不是真的想通，都設法想戰勝市場達成目的，結果自己反而在財務和情感上遭到殺戮。要從市場中得到你想要的東西，有一些比較容易、又能讓人十分滿意的方法，但是首先你必須願意「想通」。

第五章 認知的動力

本書的主要目的是教你怎麼從市場資訊中，消除令人痛苦的威脅。市場不會產生讓人快樂或痛苦的資訊，從市場的角度來看，一切都只是資訊而已。交易者似乎認為，市場在任何時候，都會造成你產生感覺一樣，但實際上並非如此。決定你怎麼看待資訊、有什麼感覺的東西，是你自己的心智架構，因此，心智架構也決定你的心態是否處在最適於自發性加入市場流程、利用市場所提供資訊的狀態。

專家看市場的一切時，不會覺得痛苦，因此也不會覺得有什麼威脅。既然沒有威脅，就不需要對抗什麼東西，因此，他們沒有理由發動有意識或下意識的防衛機制，這是為什麼專家看到的東西和採取的行動，讓每個人都覺得奇怪的原因。他們投身在機會流程中，因為他們看到的是無盡無止的機會潮流，最高明的交易者和潮流不配合時，可以看出這種事實，用減碼或完全不交易，作為補救。

如果你希望像專家一樣，你必須能夠從客觀的角度看待市場，沒有絲毫扭曲，你必須能夠在沒有抗拒、毫不猶豫的情況下，採取行動，但是又要有適度的正面自制，對抗過度自信或欣喜若狂的負面影響。基本上，你的目標是要創造獨一無二的心態、創造交易者的心態。你達成這個目標後，成功交易者所需要的其他一切都會出現。

為了幫助你達成這個目標，我要教你怎麼把你和市場資訊的關係重新定義，這樣你會不太容易或不可能再把任何市場資訊，看成是具有威脅性的東西。我說的「重新定義」，意思是要改變你的觀點，讓你可以在注意既有機會，而不是注意情感痛苦的情況下操作。

為你的心智軟體除蟲

換句話說，我們希望除掉心智問題中的蟲，使我們的神智清醒。要有效做好這件事，你必須了解心智能量的本質，也必須了解你應該怎麼利用這種能量，改變看法，以免對市場資訊產生不需要的負面情感反應。你需要學的東西很多，但是我認為你會驚訝地發現，只要稍微改變一下，就可以讓你創造大不相同的交易成果。

交易過程從看到機會開始，如果沒有看到機會，我們應該沒有理由交易，因此我認為，最適當的作法是從分解認知過程，開始檢查心智能量。認知的基本動力是什麼？什麼因素決定我們怎麼看待資訊？我們的認知和既有的東西有什麼關係？認知和我們在任何時刻的體驗有什麼關係？

要了解認知的動力，回答這些問題，最簡單的方法很可能是把地球上下內外存在的所有東西，當成力量的組合，這些力量會產生和本質、特性、特徵有關，使這些性質獨一無二的資訊。

我們身體以外的每一種東西，都會產生跟本身存在性質有關的資訊，這些東西包括所有植物和各式各樣的生物；所有行星現象，包括氣候狀況、地震和火山爆發；所有會動和不會動的物質；所有無形的現象，例如光波、聲波、微波和輻射。這些資訊可能變成力量，對我們身體的五種感覺產生作用。

我們進一步討論前，請注意我用「產生」這個涵蓋一切的動詞，暗示包括無生命物體在內的一切，都處在主動表達的狀態中。為了說明我為什麼要這樣做，我們看看像岩石一樣普通的東西，岩石是沒有生命的物體，由表現本身是岩石的獨特原子與分子構成。我用「表現」這個主動動詞，是因為構成岩石的原子和分子時時刻刻都在運動。因此，除了從最抽象的角度來看之外，岩石似乎都不會活動，但是岩石的性質和本質會變成力量，對我們的感官發生作用，使我們體會和區分岩石具有的性質。例如，岩石有紋理，如果我們把手指滑過岩石的表面，紋理會變成力量，對我們的觸覺產生作用。岩石有形狀和顏色，會變成影響我們視覺的力量；岩石占有空間，會排除其他物體，因此我們看到的不是空蕩蕩的空間或其他物體。岩石也可能有氣味，會變成影響我們嗅覺的力量，岩石嚐起來可能像什麼東西，不過我最近沒有舔過岩石。

我們在環境中碰到表達本身性質的東西時，就會發生能量的交換。外界能量以表達本身形式的方式，會被我們的神經系統改變成電流脈衝，儲存在我們心中。說得更明白一點，我們看到、聽到、嚐到、聞到或感覺到的任何東西，都會變成能量的電流脈衝，儲存在我們的心裡，變成記憶以及和任何東西存在本質有關的認知。

我認為，對大部分人來說，這一切都是相當不證自明的事情，但是其中有一些深遠的意義並非不證自明，我們通常把這些意義當成絕對理所當然的事情。首先，我們和外在環境中的一切具有因果關係，因此，如果我們和外在力量接觸，會促使我們的內心，產生我所說的「能量結構」。記憶、特性和我們在生活中學到的信仰，最後會以結構性能量的形式，存在我們心裡。結構性能量是抽象的觀念，你可能會問：「能量的形狀或形式怎麼呈現？」回答這個問題前，我們需要處理更基本的問題，就是我們怎麼知道記憶、特性和信念是以能量的形式存在？

我不知道這一點是否經過科學證明，也不知道科學界是否完全接受這一點，但是你可以問自己，這種心智因素可能以其他的形式存在嗎？下面是我們確定知道的事情，凡是由原子和分子構成的東西，都會占據空間，因此可以觀察。如果記憶、特性和信念以物理的形式存在，那麼我們應該能夠觀察到。就我所知，到現在還沒有人觀察到這些東西。科學界曾經解剖過活著和死後的頭腦組織，深入檢查腦部到達個別原子的程度，而且根據不同的功能，畫出腦部各個區塊的圖像，但是到現在為止，還沒有人觀察到以自然型態呈現的記憶、特性或信念。我說「自然型態」，意思是科學家雖然可以觀察含有若干記憶的個別腦細胞，卻不能親自體驗這種記憶。只有在擁有這種記憶的人活著，決定用某種方式表達出來時，才能體驗到。

如果記憶、特性和信念沒有物理形態，那麼它們就沒有存在的方式，除非以能量的形式存在。如果事實就是這樣，這種能量是否可能變成特定的形狀？能否反映造成能量存在的外在力量、形成某種結構？絕對可以！環境中有什麼類似能量的東西具有形狀或特定結構嗎？有！我會舉出幾個例子。

思想是能量，因為你是用語言思考，你的思考受到思考所用特定語言的限制和規則規範，因而具有結構性。你大聲說出你的思想時，會產生聲波，聲波是能量的形式，你的聲帶和舌頭互動產生的聲波結構如何，是由你傳達的資訊內容決定。微波是能量，很多電話利用微波中繼，這點表示微波能量具有結構性，才能反射所承載的資訊。雷射光是能量，如果你看過雷射光秀或雷射藝術，你看到的是純粹的能量，但是以反射藝術家創意的形狀表現出來。

這一切都是好例子，說明能量可以用形狀、形式和結構的方式表現出來，當然其他例子還很多，但是有一個例子用最清楚的方式，說明這一點。從最基本的層面來問，夢是什麼？我不是問你夢的意義，也不是問你認為夢的目的是什麼，而是問你夢是什麼？具有什麼性質？如果我們假設夢是在腦殼範圍內發生，那麼夢就不可能由原子和分子構成，因為頭腦裡沒有足夠的空間，容納這一切，然後在我們的夢中出現。夢的經驗似乎和我們清醒時透過五官感覺到的生活經驗一樣，具有相同的比例和層次。這種情形唯一可能存在的方式，是夢以一種結構性能量的形式存在，因為能量可以用任何形狀和大小表現出來，實際上卻不占據任何空間。

如果你還沒有想到，我要告訴你，其中有一些意義十分深遠的東西，我們學到的記憶、特性和信念是我們和外在環境互動的結果，代表我們所學到和環境與環境運作方式有關的知識；如果這些記憶、特性和信念以能量的形式，存在我們的心裡；如果能量不占據空間；那麼我們也可以說，我們具有無限的學習能力。噢，我不但認為可以這樣說，我也這樣說出來了。

考慮人類意識的發展和集體學習到的東西，再對照頂多一百年前個人要有效運作所需要學習的東西，絕對顯示我們的學習能力是無窮的。因為知識擴大，我們現在的認知和能力，一定會讓一百年前的人吃驚。

認知與學習

然而，我們必須注意，不能把儲存能力當成學習能力，學習和了解什麼東西可以學習，不只是儲存能力的一種功能而已，否則的話，還有什麼東西能夠阻止我們通曉一切？如果我們能夠通曉一切，那麼還有什麼東西會阻止我們，看出一切事物隨時自我表達的一切性質、特性或特徵？是什麼東西阻止我們？

這些問題直指為什麼你必須了解心智構成因素，例如以能量形式存在的記憶、特性和信念的原因。任何能量都具有表達本身形式的行動力量，這就是我們的記憶、特性與信念的行動方式。這些東西從我們內心，表現為影響我們感官的力量方式，表達本身的形式與內容，這些東西這樣做時，會對我們任何時候看到的資訊，產生有力的限制效果，使我們實際上看不到環境呈現的大部分資訊，以及資訊中潛藏的可能性。

我說的是：任何時候，環境都會產生和本身特質、性質與特性有關的大量資訊。其中有些資訊超越我們感官的生理能力範圍，例如，我們的眼睛看不出每一種波長的光線，耳朵聽不到環境所產生的每一種頻率的聲音，因此的確有一些超越我們感官生理能力的資訊存在。

環境所產生和本身有關的其他資訊，我們是否可以感受到？所有事物表達出來，又在我們的感官能力範圍內的可能差異、特徵與特性，我們是否能夠透過自己的感官，看到、聽到、嚐到、聞到或感覺到？絕對不能！我們內心的能量絕對會利用外部環境所利用的相同感覺機制，限制和阻止我們了解其中的大部分資訊。

你現在想一想，我剛才說的話當中，有些話應該是不證自明。例如，外在環境有很多方法自我表達，但我們看不出來，完全是因為我們還未學習到這些事。這一點很容易說明，回想你第一次看價格圖表時，你看到了什麼？你到底看出了什麼？我敢說，你像從來沒有看過這種東西的每個人一樣，看到一堆沒有意義的線條。現在如果你像大多數交易者一樣，看價格圖表，你會看到特性、特徵、和代表所有交易者的集體行為型態。

圖表最初代表毫無關係的資訊，毫無關係的資訊通常會令人混淆，你第一次看到圖表時，很可能就有這樣的體驗。然而，你逐漸學會分辨有關資訊，例如：趨勢、趨勢線、整理、支撐與壓力，回檔或成交量、未平倉餘額與價格波動之間的重要關係等等。你知道市場行為中的每一種差異，都代表達成個人若干需要、目標或欲望的機會。每種差異現在都有意義，都有一些相對重要性。

現在請你發揮一下想像力，假裝我剛剛把你第一次看的價格圖表放在你面前，你現在和以前看到的東西之間有沒有差別？當然有，你看到的不再是一堆毫無關係的線條，而是過去和現在之間你學到和這些線條有關的一切。換句話說，你應該看到你學會辨識的所有差異，以及這些差異所代表的機會。

然而，你現在在圖表上所看出的一切，當時就存在，等著你去了解。其中有什麼差異？你內心的結構性能量，也就是你學到的知識會變成力量，對你的眼睛發揮影響，促使你認出你學到的各種差異。因為你第一次看這張圖表時，沒有這種能量，看不出你現在看得出來的所有機會。此外，除非你學會根據圖表中各種變數之間的每一種可能關係，判斷每一種可能的差異，否則你還是看不出你還未學到的東西。

大部分人不知道我們身邊充滿了看不見的機會，這些機會藏在我們碰到的資訊中。我們經常沒有學過跟這些機會有關的知識，因此看不出這些機會。問題當然是除非我們處在完全新奇或獨一無二的狀況中，或是根據真正開放的態度操作，否則我們看不出沒有學過的東西。要學習什麼東西，我們必須能夠用某些方式體驗這種東西。因此我們碰到的是封閉循環，使我們無法學習，每一個人身上都有觀念上的封閉循環，因為這種循環是心智能量用我們的感官自我表達的自然功能。

每個人都聽過「大家看他們想看的東西」這句話，我要用略為不同的方式，表達這句話：大家看到他們學會看到的東西，其他的一切都看不到，除非他們學會怎麼對抗，對抗阻止他們了解什麼東西有待學習、有待發現的能量。

為了說明這個觀念，讓你更了解，我要再舉一個例子，這個例子說明心理能量可能用實際上逆轉因果關係的方式，影響我們對環境的認知和體驗。我們看看小男孩第一次碰到狗的情形。

因為這是小男孩的第一次經驗，從小男孩和狗的關係來看，小男孩的心裡可以說是一塊乾淨的白板，沒有任何與狗有關的記憶，當然也無法分辨狗的本性。因此直到他第一次碰到狗的時候為止，從小男孩的觀點來看，狗並不存在。從環境的觀點來看，狗確實存在，而且有能力變成影響小男孩感官、創造經驗的力量。換句話說，狗表達本身本性時，可能變成在小男孩心中產生結果的原因。

狗能夠產生什麼樣子的結果？噢，狗有一系列的表達方式，我說一系列的表達方式，意思是指狗和人類互動時，可能有很多行為方式，可能很友善、有愛心、有保護心、很好玩；狗也可能表現出敵意、壞心和危險——這些只是狗能夠表現的很多行為中的一部分。所有這些特徵都可以觀察、體驗和學習。小男孩第一次看到狗時，心中絕對沒有任何東西，告訴他面對的是什麼東西。我們想多了解自己體驗到的事情時，不熟悉、不知道和沒有分類的環境資訊可能產生好奇心，也可能產生混淆狀態。如果我們不能把這些資訊放在可以了解，或有意義、有組織的架構或脈絡中，混淆狀態很容易變成恐懼。

在我們說的這個例子裡，小男孩的好奇心發揮作用，小男孩向狗衝過去，希望得到更多的感覺經驗。請注意，小男孩是如何受到驅策，投向自己一無所知的情況中。然而，在這個例子裡，當時的環境對小男孩的行動沒有產生有利的反應，小男孩有興趣的狗不是不友善就是心情不好。總之，小男孩貼得很近的時候，狗就咬了他，咬得非常厲害，以致別人必須把狗拉開。

這種不幸的經驗絕非不平常，卻也不是這麼罕見。我選擇這個例子是基於兩個原因：

1. 大部分人可以靠著自己的直接經驗，或是靠著其他熟人的經驗，跟這個例子建立關係。
2. 我們從能量的觀點，分析這種經驗的基本動力時會學到：①我們的心智如何思考；②如何處理資訊；③這種程序怎麼影響我們體驗到的東西；④我們辨認新可能性的能力。

我知道，這種情形看起來很像光從一個例子中，學到很多識見，但是其中的原則幾乎適用所有學習背後的動力。

例子中的小男孩因為身體和情感受到創傷，現在有了一種記憶和一種分辨能力，知道狗可能用什麼方式表達自己。如果這個小男孩具有正常的記憶能力，記住了這次經驗，他可能以這次經驗衝擊所有感官的方式，把這次事件儲存起來，例如：狗咬他可能以他所看到的印象，以心智影像的方式儲存起來；他所聽到的聲音，可能以心智聲音的方式儲存起來。代表另三種感覺的記憶也會以同樣的方式儲存起來。

然而，他記憶裡的感覺資料沒有這種感覺資料所代表的能量那麼重要。基本，我們有兩種心智能量：一種是帶正電的能量，也就是我們稱為愛心、信心、快樂、歡欣、滿足、興奮和熱情之類的東西。另一種是帶負電的能量，代表恐懼、恐怖、不滿、背叛、悔恨、憤怒、混淆、焦慮、壓力和挫折，這些全都是一般所說的情感痛苦。

因為小男孩第一次碰到狗的經驗極為痛苦，我們可以假設不管他有什麼感覺受到影響，他對這次經驗的所有記憶都是痛苦、難過、帶著負電的能量。以後他碰到另一隻狗時，這種帶負電的心智能量對他的認知和行為會有什麼影響？答案極為明顯，因此看來連問這種問題，都讓人覺得荒謬，但是其中基本的意義並不明顯，因此請你原諒我這樣問。顯然他跟另一隻狗接觸時，會有害怕的感覺。

請注意，我用「另一隻狗」，形容他接觸的下一隻狗，但我要指出，每隻狗都可能使這個小男孩覺得害怕，而不只是真正咬他的那一隻狗而已。即使他接觸的下一隻狗是世界上最友善的狗、是只會表達歡樂和愛心本性的狗，也完全沒有差別，這個小男孩還是會害怕。此外，如果第二隻狗看到小男孩，想跟小男孩玩、想靠近小男孩時，小男孩的恐懼可能很快會變成毫無限制的恐怖。

我們偶爾都看過別人害怕，我們卻認為其中根本沒有危險或威脅的情形。雖然我們可能不說出來，心裡卻很可能認為這個人不理性。如果我們試著指出不需要害怕的原因時，我們很可能會發現自己的話毫無用處。

針對例子中的小男孩來說，我們可能很容易想到同樣的事情，想到他只是不理性，因為在我們看來情形很清楚，除了他心裡想到的情況外，還有其他可能性存在。但是小男孩的恐懼比起你因為上一次交易虧損，變得害怕（或猶豫不決）、不敢再從事另一次交易，小男孩會比較不理性嗎？頂尖交易者根據同樣的邏輯，會說你的恐懼不理性，因為「當下」這次機會，跟你的上次交易絕對沒有關係。每筆交易只是可能產生結果的一種優勢，在統計上和其他交易完全無關。如果你不相信，那麼我可以看出你為什麼會害怕，但是我可以跟你保證，你的恐懼完全沒有依據。

認知與風險

你可以看出來，別人很容易把某個人對風險的認知，看成不理性的思維。風險是相對的，但是對當下認知風險的人來說，毫無疑問，風險似乎是絕對的。小男孩第一次碰到狗時，滿心興奮與好奇，為什麼再次碰到狗時，即使是幾個月或幾年後才碰到，他頭腦思考和處理資訊的方式，可能使他自動陷入恐懼狀態？如果我們把恐懼看成是警告我們的自然機制，讓我們知道威脅狀況出現了，那麼為什麼心智會這樣運作，會自動地告訴這個小男孩，下次和狗接觸是令人害怕的事情？小男孩天生的好奇心出了什麼問題？除了這次經驗，狗天性需要了解的地方還很多，何況我們的心智似乎具有無限的學習能力，為什麼我們幾乎不可能說服小男孩擺脫恐懼？

聯想的力量

乍看之下，這些問題似乎很複雜，但是大都相當容易回答。我敢說，很多讀者已經知道答案：我們的心智具有一種天生設計好的特性，會使我們把外在環境存在的東西，聯想到存在我們心裡的記憶或認知的性質、特性、本性或特徵之類的東西。換句話說，以怕狗的這個小男孩為例，他之後碰到的第二隻狗或其他的狗，不見得會咬他，才能讓他體驗到情感上的痛苦。只要有足夠的相似性質，他的頭腦就會把兩者聯想在一起。

自然聯想是自動發生的無意識心智功能，不是我們能夠考慮或決定的事情。無意識心智功能好比心跳，是非隨意的身體功能。就像我們不能刻意思考心跳程序，讓我們的心臟跳動一樣，我們也不能刻意思考聯想經驗和聯想經驗帶給我們的感覺。聯想只是我們心智處理資訊的自然功能，像心跳一樣，是對我們體驗生活具有重大影響的功能。

我希望你設法想像因果關係逆轉的雙向能量流動，使小男孩除了認知心中既有可能性之外，不能想像別的可能性。為了幫助你，我要把這種程序分解，使每一部分都儘量變小，然後一步、一步地經歷其中的狀況。這一切看來可能有一點抽象，但是了解這種過程對你釋出潛能，像高明交易者一樣創造長期成就，具有很大的影響。

首先，我們直接從最基本的地方開始。小男孩的外在和內在都有結構性能量，外在的能量帶有正電，以友善的狗希望表達玩耍的形式表現出來。內在能量是帶有負電的記憶，以心智形象與聲音的方式表達出來，代表小男孩第一次和狗接觸的經驗。

內在和外在能量都具有能力，都可以讓小男孩的意識有感覺，因此會創造兩種不同的狀況，讓小男孩體驗到。外在能量像力量一樣，可能對小男孩發生作用，使他覺得很快樂。這隻狗表現出愛玩、友善甚至有愛心的行為特性。但是請記住，這些特性都是小男孩在狗身上沒有體驗過的特性，因此在他看來，這些特性並不存在。就像我先前提到的價格圖表一樣，小男孩不能認知他還沒有學到的東西，除非他的心態處於適於學習的狀態中。

內在能量也具有力量，可以說正在等待機會，好把自己表現出來。但是這種能量會對小孩的眼睛和耳朵產生作用，使他覺得深受威脅。這種情形進而會產生情感痛苦、恐懼、甚至產生恐怖的經驗。

從我設定這種狀況的方式來看，小男孩看來好像可以在體驗歡樂或痛苦之間抉擇，但實際上不是這樣，至少暫時不是這樣。存在這種狀況中的兩種可能性中，毫無疑問的，小男孩會體驗到痛苦和恐懼，而不是覺得快樂，會有這種情況是因為有好幾個原因。

首先，就像我前面說的一樣，我們的心智經過安排，會立刻自動把具有相同性質、特性和特徵的資訊聯想在一起。小男孩看到的外界事物以狗的形式表現出來，樣子和聲音都很像他心裡那隻狗。然而，相似程度要多高，才會使他的頭腦把兩者聯想在一起，卻是未知的變數，意思是我不知道心智機制怎麼運作，根據多高的相似程度，才能使我們的頭腦把兩種以上的資訊聯想在一起。因為每個人的心智運作方式都很類似，卻又獨一無二，我會假定我們對相似或不相近的程度有一個範圍，每個人在這個範圍裡，都有獨一無二的容忍度。

下面是我們已經知道的事情，這隻狗和小男孩的眼睛或耳朵接觸時，如果狗的樣子或聲音，和埋藏在他記憶裡的狗有足夠的相似程度，那麼小男孩的頭腦會自動把兩者聯想在一起。進而使他記憶裡帶負電的能量釋出，在他全身上下流竄，使他淹沒在一種很不舒服的不祥感覺或恐怖中，他體驗到的不舒服或情感痛苦程度多高，會等於他第一次和狗接觸時受創的程度。

接著發生的事情是心理學家所說的投射，我提到投射時，只把投射當成另一次立即的聯想，從小男孩的觀點來看，這種聯想會把當時的現實狀況，變成好像不容置疑的絕對真理。小男孩的身體現在充滿了帶負電的能量，同時，他的感官開始跟狗接觸。接著，他的頭腦會把眼睛或耳朵感受到的任何感覺資訊，和他內心體驗到的痛苦能量聯想在一起，變成他的痛苦和恐懼來源——就是他現在看到或聽到的那隻狗。

心理學家把我剛才描述的動態過程稱為投射，因為從某方面來說，小男孩把他當下體驗到的痛苦，投射到狗身上。這種痛苦能量會反射回到小男孩身上，使他把狗看成具有威脅性、讓人痛苦、也有危險性。這種過程使第二隻狗的本性、特性和特徵，等於小男孩記憶銀行裡的那隻狗，雖然第二隻狗的行為所產生的資訊，和實際咬他的那隻狗不同，甚至不相似。

因為兩隻狗——一隻在小男孩心裡，一隻在小男孩身外——給人的感覺完全相同，小男孩非常不可能從第二隻狗的行為中，判斷出任何不同，也看不出這隻狗和他心裡那隻狗有什麼不同。因此，他不會把這次和狗的接觸，看成是重新體驗狗本性的機會，而是把狗看成具有威脅性和危險性。

你現在想一想，這種過程中，有什麼地方會告訴小男孩，說他對這種狀況的經驗不是絕對確實的真理？實際上，他經歷的痛苦和恐懼絕對確實無疑。

但是他認定的可能性確實嗎？我們會認為不確實，小男孩卻認為怎麼可能不確實？他能怎麼辦？

第一，他不能認知他還沒有學到的可能性。而且害怕的人很難學習新事物，因為你已經很清楚，害怕是非常容易讓人虛弱的能量，會促使我們退縮、準備自保、逃跑，也會限縮我們的注意力，這一切都使我們很難開放自己，學習新事物。

第二，我已經指出，狗是這個小男孩痛苦的來源，這一點確實無疑，第二隻狗的確促使他想到心裡的痛苦，但是這隻狗不是他真正痛苦的來源。這隻狗帶有正面能量，小男孩卻用不隨意的自動心智過程，把這隻狗跟心裡的負電能量聯想在一起，這種過程速度比眨眼還快，小男孩絕對感覺不到。因此就他來說，如果他對狗的認知不是絕對真理，為什麼他會害怕？

你可以看出來，狗怎麼行動、別人怎麼告訴小男孩不該害怕的道理，對小男孩都不會有絲毫影響，因為他會從負面觀點，看待狗所表現出來和自己有關的任何資訊（不管這些資訊多麼正面）。他根本不會想到他的痛苦、恐懼和恐怖的經驗，完全是自我產生的。

如果小男孩可能自行產生痛苦和恐怖，同時堅決相信自己的負面經驗來自環境；那麼交易者和市場資訊互動時，是否也可能自行產生恐懼和情感痛苦的經驗？是否可能徹底相信：這種經驗證明他們的痛苦和恐懼十分有理？基本的心理動力正好用同樣的方式發揮作用。

交易者的基本目標是看出既有的機會，不是看出痛苦的威脅。要學會怎麼抓住機會，你必須確切不疑地了解威脅的來源。威脅的來源不是市場，市場以中立的方式，產生和市場可能波動方向有關的資訊。同時，市場提供在旁觀察的你無數機會流程，讓你自行採取行動。如果你任何時候看到的資訊都讓你覺得害怕，你要問自己下面這個問題：這種資訊天生具有威脅性嗎？或者只是像上述例子一樣，是你體驗到的心態反射回到你身上的影響？

我知道你很難接受這個觀念，因此我會再舉一個例子，說明這一點。我們假設你過去兩、三次交易都虧損，你現在密切觀察市場，你用來指示機會存在的變數現在已經出現，結果你沒有立刻進行交易，反而猶豫不決。這筆交易讓你覺得風險很高，事實上，風險太高了，因此你開始問這種變數是不是「真正」的信號。因此，你開始搜集資訊，證明這筆交易很可能不會成功，這些資訊是你通常不會考慮或注意的資訊，而且絕對不是你交易方法中的一環。

同時，市場繼續前進，不幸的是，市場脫離了你原始的進場點，如果你不猶豫不決，這一點實在是你應該投入交易的時點。現在你覺得矛盾，因為你仍然希望進場，想到錯過獲利機會讓你痛苦。同時，市場脫離你的進場點後，進場的風險代價升高。你內心的拉鋸開始加強，你不希望錯過機會，卻也不希望兩面挨刮。最後，你什麼都沒有做，因為衝突使你陷入癱瘓狀態。你痛苦地看著市場的每一次波動，都向你原本可以大賺一筆的方向前進，你為了證明自己的癱瘓狀態有理，告訴自己，追逐市場波動的風險實在太高了。

如果這種情境聽起來很熟悉，我希望你問自己，你猶豫不決時，是根據市場提供的資訊看待市場，還是根據你心裡反射回到你身上的資訊，判斷市場走勢？市場曾經發給你信號，但是你不是從客觀或積極的觀點，看待這個信號，你不把信號看成是追求獲利或體驗賺錢正面感覺的機會，不過市場提供的正好就是這種資訊。

想一想另一種狀況：如果我改變情境，假設你過去兩、三次交易都賺錢，而不是虧錢，你看待這個信號時，會有什麼不同嗎？和第一種情境相比，你會不會比較可能把信號看成是賺錢機會？如果你連續三次交易獲利，你會不會猶豫不決，不進行交易？很不可能！事實上，如果你像大部分交易者一樣，你很可能會強烈考慮加碼，建立比正常交易金額大很多的部位。

上面說的兩種狀況中，市場產生的信號都一樣，但是在第一種情境中，你抱著以恐懼為基礎的負面心態，因此注意到失敗的可能性，因而猶豫不決。在第二種情境中，你幾乎完全不考慮到風險，甚至想到市場會讓你美夢成真，因而很容易在財務上過度投入。

市場不會產生帶正電或負電的資訊，如果你接受這種事實，那麼唯一可能產生帶正電或負電資訊的地方是你的心裡，這種情形正是資訊處理方式的結果。換句話說，市場不會促使你注意失敗與痛苦，或是注意獲利與快樂。促使資訊帶正面或負面特性的無意識心智過程，和促使小男孩把希望表現快樂和友誼的第二隻狗，看成威脅和危險的心智過程相同。

我們心裡不斷把身體以外的東西（資訊），跟我們心裡已經知道的東西聯想在一起，以致於外在情勢看來和這些情勢聯想在一起的記憶、特性或信念完全相同。因此，在第一種情境裡，如果你剛剛碰到兩、三次交易虧損，市場發給你、告訴你機會出現的下一個信號，會讓你覺得風險太高。你的頭腦會下意識地自動把「當下」狀況，跟你最近的交易經驗聯想在一起。這種聯想會使你想到虧損的痛苦，產生害怕的心態，促使你從負面觀點，看待你收到的資訊，這種情形就像市場表達帶有威脅性的資訊一樣，因此你猶豫不決當然有理。

在第二種情境中，因為你剛剛連續三次交易獲利，同樣的過程會促使你看待這種情勢時，變得過度樂觀。「當下」和過去三次交易獲利產生的歡欣鼓舞，會聯想在一起，會產生過度樂觀或欣喜若狂的心態，情形會變成好像市場提供你毫無風險的機會。這種情形當然會證明過度投入有理。

我在第一章裡說過，促使交易者虧損和犯錯的心智型態，都是極為不證自明的心態，極為深入地銘刻在我們心裡，因此我們絕對不會想到，我們不能創造長期成就，原因在於我們的思考方式。了解、刻意認清、再學習怎麼克服心中自然聯想的傾向，是創造長期成就重要的一環。要培養和維持能夠看出市場機會流程的心態，卻不受痛苦或過度自信造成的問題影響，你必須花精神刻意控制聯想過程。

第六章 市場觀點

一般交易者在任何交易狀況中，對風險的認知大致上是最近兩、三次交易（因人而異）結果的作用。另一方面，最高明的交易者不受最後一次或幾次交易結果的影響（不管是負面的影響或是過於正面的影響），因此他們在任何交易狀況中，風險觀念都不受個人的心理變數影響。兩者之間有一種心理缺口，你可能因此認為，最高明交易者的頭腦裡，天生就設計了一些造成這種缺口的特性，但是我可以跟你保證，這點並非事實。

過去十八年裡，跟我合作過的每一位交易者，都必須學習怎麼訓練自己的頭腦，正確地專注「當下的機會流程」。這個問題很常見，跟我們心智的刻畫和一般的社會教養有關（意思是，這種交易問題不是個人特有的問題），還有跟自尊有關的其他因素，也可能妨礙你長期獲利，但是我們現在要討論成為一位成功交易者最重要、最基本的因素。

不確定原則

如果說交易的本質有什麼祕訣，那就是在努力的前提下：

1. 交易時不害怕，也不過度自信。
2. 從市場觀點解讀市場提供的資訊。
3. 持續全心專注「當下機會流程」。
4. 自然地進入「順境」，這是在結果不確定的狀況下對自己的堅定信念。

最高明的交易者已經進步到毫不懷疑，或是毫無內心衝突，相信「任何事情都可能發生」的地步。他們不只是不懷疑任何事情都可能發生，也不是口頭說相信這種觀念。他們對不確定的信念極為堅強，以致於實際上可以阻止他們的心智，不再把「當下」狀況，和最近交易的結果聯想在一起。

為了防止這種聯想，他們能夠設法讓自己的頭腦，不再不切實際去推測市場的走勢會如何。他們通常不會犯這種讓情感和財務痛苦的毛病，他們學會了「隨時做好準備」，以便利用市場隨時可能提供的機會。

「隨時做好準備」是因為你了解到當下所知所學都局限於目前市場所提供的資訊。機會出現時，我們的腦袋無法每個都掌握到（第五章「小男孩和小狗」的例子十分清楚地說明，我們個人對真相的看法會反射回到自己身上。）

進行交易時，同樣的認知盲點隨時都會出現。例如，如果我們出於怕犯錯的恐懼進行交易，我們可能看不出市場繼續向著我們交易部位相反的方向波動。犯錯的恐懼會促使我們，對證明我們正確的資訊賦予過多的意義，即使大量資訊顯示，市場趨勢實際上已經背離我們交易部位的方向，這種事情還是會發生。在正常情況下，市場形成趨勢後，我們通常可以看出這種不同的市場行為，但是如果我們交易時恐懼，就很容易看不出這種差異。除非我們退出交易，否則我們看不出趨勢和順勢交易的機會。

此外，還有很多機會我們也看不出來，因為我們還沒有學會辨認各種機會的方法。回想第五章裡談到你第一次看到的價格圖表，我們看不出我們還沒有學會的東西，除非我們開放頭腦，準備進行能量的交流，否則我們會一直都看不出這些東西。

你從自己做好準備的角度思考，會考慮已知和未知的東西，例如，你已經建立了心智架構，讓你能夠看出一套市場行為變化顯示買賣的機會何時出現。這是你的優勢，也是你已經知道的事情，然而，你有所不知的地方，正好是你能夠辨認的變數型態展開的方式。

從自己做好準備的角度來看，你知道自己的優勢會造成成功機率對你有利，但是同時，你徹底接受自己不知道任何交易會有什麼結果的事實。你藉著做好準備，刻意開放自己，發現下一步會發生什麼事情，而不是由自動心智過程主導，促使你想到你已經知道的東西。採用這種觀點可以讓你的頭腦擺脫內部的阻力，因此能夠從市場（市場真相）的觀點，看待市場提供的任何機會。你的頭腦向能量的交換開放時，不但可以學到你過去不知道的市場知識，也可以形成最便於進入「順境」的心智狀態。

處在「順境」的基本意義是你的頭腦和市場同步，因此，你會意識到市場的下一步行動，好像你和其他市場參與者的集體意識之間沒有隔閡一樣。順境是一種心智空間，你在其中不光是可以解讀集體心智而已，也跟集體意識完全融合。

如果你覺得這種話聽起來有點奇怪，你可以問自己，為什麼一群鳥或一群魚可以同時改變方向，牠們之間一定有互相聯絡的方法。如果人可能用同樣的方法聯絡，那麼資訊偶爾一定會從和我們有聯絡的人身上，流進我們的意識中。有過利用市場集體意識經驗的交易者，可以預期方向的變化，就像鳥群中的一隻鳥、魚群中的一條魚，會在所有其他同類轉向時轉向一樣。

然而，要形成這種心智狀態，體驗你和市場之間似乎有點神奇的同步現象並不容易。你需要克服兩種心智障礙：

第一種障礙是本章的重點，就是學習怎麼專注「當下的機會流動」。為了體驗同步現象，你的頭腦必須從市場的角度，向市場的真理開放。

第二種障礙和我們腦部兩半的分工有關。我們的左腦善於根據我們已經知道的事情，進行理性思考，右腦善於從事創造性思考。右腦能夠利用通常不能從理性角度解釋的靈感、直覺、預感或知覺，不能解釋的原因是如果資訊確實具有創造性特質，那麼這種資訊一定是我們從理性角度無法知道的事情，根據定義，真正的創造性會創造出過去不存在的東西。兩種思考模式之間天生具有衝突的特性，因此理智、邏輯的部分幾乎總是會獲得勝利，除非我們採取特殊步驟，訓練我們的心智，接受和信任創造性的資訊。如果沒有這種信念，我們通常會發現，很難根據我們的預感、直覺衝動、靈感或知覺採取行動。

我們需要信念和清楚的意願，才能根據什麼事情採取適當的行動，這樣我們的頭腦和意識才能專注在當前的目標上。如果我們依據具有創造性的特質行動，我們的理性腦部沒有受過適當的訓練，不能信任這種依據，那麼到了根據這種資訊行動過程的某一點，我們理性的頭腦會在我們的意識中，灌輸極多對立和競爭的思想。這些思想當然全都具有健全而理性的性質，因為這些思想來自理性水準中我們已經知道的事情，但是這種思想對我們會有影響，使我們從「順境」或任何其他創造性心態中跳出來。比起憑藉著預感、知覺或靈感看出明顯的可能性，卻因為我們說服自己不理會這種機會，因而不能利用機會，人生中沒有多少比這樣還讓人扼腕的事情。

我知道我剛才說的話仍然太抽象，不能實際運用，因此我要引導你，一步、一步經歷所謂的完全專注「當下機會流動」的過程。我的目標是在你看完本章和第七章後，會毫無疑問地了解，為什麼在你培養出對「不確定」確切不疑的信念前，你不可能創造交易者的最高成就。

要踏上心智和市場同步之路，第一步是了解交易的心理現實，同時徹底接受這種現實。這一步是造成大多數和交易有關的挫折、失望和神祕性質的地方，決心從事交易的人當中，很少人花時間或精神，思考交易者的意義是什麼。大部分從事交易的人認為，交易者是高明市場分析師的同義字。

我前面說過，這一點極度背離事實。高明的市場分析對交易成就的確有幫助，也扮演支持的角色。但高明的市場分析不值得大多數交易者，錯誤地賦予這麼多的關注、這麼高的重要性。在大家極為容易沉迷的市場行為型態背後，有一些很特別的心理特性。就是這些心理特性的本質，決定了交易者「如何做」，以便在市場環境中有效操作。

我們的操作環境具有一些特質、特徵或特性，跟我們習慣的環境不同，要在這種環境中有效的操作，必須進行若干調整，或是改變我們的正常思考方式。例如，如果你要到外國的某個地方旅行，同時定了一些目標，你要做的第一件事情是熟悉當地的傳統和習慣，這樣你就會學到應該用哪些方法適應，以便在那種環境中成功的運作。

交易者經常忽略自己可能必須適應，才能長期獲利的事實。這種情形有兩個原因：第一，要進行獲利的交易，你絕對不需要任何技巧。大部分交易者經常經歷很多年的痛苦和折磨後，才想通或承認要創造長期成就，不只是需要偶爾能夠選中進行獲利交易時機的能力而已。第二個原因是，你不必為了交易而千方百計。你只需要拿起電話，早上甚至不必下床，就可以交易。即使交易者通常是在辦公室裡交易，也沒有必要一定要進辦公室，才能進行交易。因為我們可以從極為熟悉的個人環境中，和市場接觸、互動，看來要進行交易，似乎不需要特意改變我們的想法。

從某方面來說，你很可能已經了解跟交易本質有關的很多基本事實（心理特性）。但是知道或了解一些原則、眼光或觀念，不見得等於接受和相信。真正接受什麼東西時，這種東西不會跟我們心中的任何其他因素衝突，我們相信什麼東西時，會把這種信念當成自己的自然功能，不必掙扎，也不需要耗費額外的力量，就可以根據這種功能運作。要是有什麼東西跟我們心中的其他因素發生衝突，衝突的程度多高，我們對這種事情接受不足的程度就有多高。

因此，要了解為何只有少數人能成為成功交易者並沒那麼困難。他們根本沒有花足夠的心力，將他們所學和信念間的矛盾衝突加以調和，也不知道這種矛盾衝突和行為，正是妨礙他們採用各種成功交易原則的阻力。要進入和利用適宜交易的那種自由流動心態，需要徹底解決這種衝突。

市場最基本的特性

市場幾乎隨時都可能表現任何行為，這點似乎很明顯，經歷過市場價格突兀、劇烈起伏的人更是明白這一點。問題是大家通常都把這種特性視為理所當然，以致於一再犯最基本的交易錯誤。事實上，如果交易者真的相信隨時都可能發生任何事情，輸家應該會大幅減少，贏家應該會增加。

我們怎麼知道任何事情幾乎都可能發生？這一點很容易確定，我們只要把市場分解成很多部分，再看看各個部分怎麼運作，就會知道。交易市場最基本的部分是交易者，個別交易者是影響價格的力量，靠著抬高進價或壓低出價，造成價格波動。

交易者為什麼要抬高進價或壓低出價？要回答這個問題，我們必須確定大家交易的原因。原因很多，任何市場中，個人交易動機背後的目的也很多。然而，為了說明這一點，我們不必知道任何交易者行動的所有基本原因，因為最終的原因和目的就是賺錢。我們知道，因為交易者只能做買進和賣出兩種事情，而且每種交易只有兩種可能的結果，不是獲利就是虧損。

因此，我認為我們可以確切地假設：不管個人的交易原因是什麼，根本目的是都希望得到相同的結果，就是獲利。要創造獲利只有兩種方法，不是買低賣高，就是賣高買低。如果我們假設每個人都希望賺錢，那麼交易者願意把進價抬高成為新高價，原因只有一個：就是他相信將來能以更高的價格，把現在用較高價格買到的東西賣出去。交易者願意用比上次出價低的價格出售的原因也相同，是因為他相信將來可以用更低的價格，把現在用較低價賣出的東西買回來。

如果我們把市場行為看成是價格波動的函數，如果價格波動是交易者願意抬高進價或降低出價的函數，那麼我們可以說，所有價格波動或市場行為，都是交易者對未來信念的函數。說得更明白一點，所有價格波動是個別交易者認定什麼價格高、什麼價格低信念的函數。

市場行為的基本動力相當簡單。任何市場中只有三種主要力量：認為價格低落的交易者、認為價格高昂的交易者，和注意、觀察、準備決定價格是高是低的交易者。實際上，第三種人是潛在的力量。支持交易者價格高低信念的東西通常不重要，因為大部分人是以沒有紀律、沒有組織的偶發與隨機方式交易，因此他們的理由不見得能夠幫助我們更了解實際狀況。

但了解實際狀況不是那麼難，前提是你要記得，所有價格波動或不波動，是兩種主要力量之間的相對平衡或不平衡，一種力量是認為價格會上漲的交易者，另一種力量是認為價格會下跌的交易者。如果雙方勢均力敵，價格會不上不下，因為雙方會吸收對方行動的力量。如果雙方力量不均衡，價格會向力量較大的地方波動，這一方對價格走向的信念比較強而有力。

現在，我要你問自己，除了交易所規定的價格停板外，有什麼因素可以讓所有事情停擺？全世界的交易者都認為，沒有什麼事情能夠阻止價格上漲或下跌——前提當然是交易者願意根據這種信念行動。因此市場集體行為的範圍只有一個限制，就是市場中任何個別參與者對價格高低最極端的信念，我認為其中的意義不證自明：任何時刻、任何市場中，都可能出現極端分歧的信念，使一切事情都可能發生。

從這個角度看待市場，就很容易看出，凡是願意表達本身對將來信念的任何潛在交易者，都會變成市場的一種變數，從最個人化的層次來看，這點表示只要世界上任何地方有一個交易者，就可以抵消你所進行交易的積極潛能。換句話說，只要有另一個交易者，就可以抵消你對價格是高是低的信念。就是這樣而已，只要一個人！

下面這個例子可以說明這一點。很多年前，一位交易者向我求助，他是最高明的市場分析師；事實上，他是我認識的分析師中最厲害的一位。但是多年以來，他把自己的所有資金賠光，也把很多人的資金賠光，十分煩惱。他終於準備承認，身為交易者，他有很多讓人不滿意的地方。我和他談了一陣子後，認定他交易一直不成功，是出於很多種嚴重的心理障礙。最讓人困擾的障礙是：他無所不知、極為傲慢，使他幾乎不可能創造有效交易所需要的任何心理彈性。不管他的分析能力多高明，他來找我時，他都極為渴望賺錢、極為渴望找人幫忙，因此他願意考慮任何事情。

我的第一個建議是：不要再找另一位投資人支持他，進行最後一次一定會失敗的交易，他最好改做他真正擅長的工作，這樣他在解決自己的問題時，可以得到穩定的收入，同時提供別人有價值的服務。他接受我的建議，很快的就在芝加哥一家相當大的經紀商和結算商公司，找到技術分析師的工作。

這家經紀商半退休的董事長是經驗豐富的交易者，在芝加哥商業交易所（Chicago Board of Trade）的穀物交易廳裡，有將近四十年的經驗，他對技術分析所知不多，因為他要在交易廳裡賺錢，根本不需要技術分析。但是他已經不在交易廳裡交易，卻發現看著螢幕交易很難，而且有點神祕。因此他請公司新聘用的明星技術分析師，陪著他交易，教他技術分析，這位新進分析師抓住機會，向經驗極為豐富、極為成功的董事長，展現自己的能力。

這位分析師利用的方法叫做「點線圖」，這種方法是杜蘭蒙（Charlie Drummond）發展出來的，可以精確地指出支撐與壓力。有一天，兩個人一起看著黃豆市場，這位分析師已經預測重要的支撐與壓力點，而且行情正在兩點之間波動，這位分析師正向董事長解釋這兩點的意義，他用十分強調、幾乎絕對確切不疑的說法指出，如果行情來到壓力關卡附近，就不會再上漲、會反轉下跌；如果行情接近支撐點附近，會只跌反轉向上。接著，他解釋說，如果行情跌到經過他計算出來的支撐價位，他的計算顯示，這個價位應該也是當天的最低價。

他們坐著看盤，黃豆行情慢慢地跌到這位分析師所說應該是支撐的價位，也就是當天的最低價。行情終於跌到支撐價位時，董事長抬頭看著這位分析師說：「這裡就是行情不該再下跌，應該上漲的地方，對吧？」分析師回答說：「絕對如此！這就是今天的最低價。」董事長反駁說：「鬼話！你看看我。」他拿起電話，打給黃豆交易廳的接單員說：「市價賣出二百萬（英斗）黃豆。」三十秒後，黃豆行情每英斗暴跌十美分。董事長看著滿臉驚恐的分析師，鎮定地問：「噢，你說行情什麼時候會止跌？如果我可以這樣做，任何人都一樣可以。」

重點是我們從市場觀察家的個人角度來看，什麼事情都可能發生，而且只要有一位交易者採取行動，就會發生。這是交易冷酷無情的現實，只有最高明的交易者會完全接受，毫無內心衝突。我怎麼知道這一點？因為只有最高明的交易者進行交易前，始終事先界定自己的風險，只有最高明的交易者在市場告訴他們這筆交易行不通時，能夠毫不保留或毫不猶豫地停損。只有最高明的交易者在行情走勢一如預測時，有組織、有系統、有資金控管規範，守紀律獲利了結。

不事先定出風險、不停損、不能有系統地獲利了結，是你可能犯的最常見、代價通常最高昂的三種交易錯誤。只有最高明的交易者能夠消除這些錯誤，他們在交易生涯的某個時刻，毫不懷疑地學到相信任何事情都可能發生，而且總是要考慮他們不知道和沒有預期的事情。

請記住，只有兩種力量會造成價格波動：一種是相信行情會上漲的交易者；另一種是相信行情會下跌的交易者。任何時候，我們觀察目前行情和前一刻行情相比的相對價格，都可以看出哪一方的信念比較堅強。如果一種可以辨識的型態出現，這種型態可能重複出現，告訴我們市場的走向，這就是我們的優勢、我們知道的東西。

但是我們不知道的事情也很多，而且除非我們學會解讀大家的心理，否則永遠也不會知道。例如，我們是否知道有多少交易者可能在場邊觀望、準備入市？我們是否知道有多少在旁觀望的人想要買進、多少人想要賣出、願意買賣多少股？交易者的參與是否已經反映在當前的行情中？有多少交易者隨時打算改變主意、出脫部位？如果他們這樣做，他們會停留在場外多久？如果他們恢復進場，會看好哪一個方向？

這些未知的隱藏變數持續出現、永無休止，總是在每一個市場中發揮作用——總是如此！最高明的交易者不會假裝這些未知的變數不存在，不會躲避這些變數，也不會藉著市場分析，設法為這些變數賦予意義或合理化。相反的，最高明的交易者會考慮這些變數，納入交易系統中的每一環。

一般交易者的交易方法正好相反，會根據自己看不到、聽不到或感覺不到的東西，與一定不存在的觀點，進行交易。還有別的原因能夠解釋這種行為嗎？如果交易者真的相信所有隱藏的變數存在，隨時可能影響價格，那麼交易者應該也必須相信每一筆交易的結果都不確定。如果每一筆交易的結果都不確定，那麼交易者怎麼可能找出理由，說服自己事前不界定風險、不停損，或不根據一些有系統的方法獲利了結？從他們的情況來看，不遵守這三個基本原則，等於在財務和情感上自殺。

因為大部分交易者不遵守這些原則，我們是否可以假設他們真正的基本動機是毀滅自己？當然可能，但是我認為，有意識或無意識想要虧錢，或是想用某種方法傷害自己的交易者比率極低。因此如果財務自殺不是主要的原因，那麼是什麼原因，可能使交易者不做原本絕對有道理的事情？答案相當簡單：一般交易者不事先界定自己的風險、不停損，或是不能有系統地獲利了結，是因為他認為不必這樣做。他認為不必這樣做，唯一的原因是他根據「當前」的任何情況，認為自己已經知道下一步會有什麼變化。如果他已經知道，那麼他就確實沒有理由遵守這些原則。他可能犯下的每一種交易錯誤，原因幾乎都是他相信、假設或認為「自己知道」，包括他不相信他會賺錢而犯的錯。

我們認定正確的實際信念是很有力的內在力量，我們和市場互動的每一個層面，從我們的認知、互動、決定、行動、期望，到我們對結果的感覺，都受這種信念控制。要我們違背自己認為正確的信念採取行動，是極為困難的事情。看信念的強度而定，在某些例子中，幾乎不可能要我們違背完整的信念，做任何事情。

一般交易者不了解自己需要的是哪些機制，機制以某種有力信念的方式表達出來，這種機制幾乎會迫使他，從總是越來越清楚的觀點看待市場，也會迫使他根據心理狀況和價格波動的本質，採取適當行動。他可以學到的信念中，最有效、最能發揮功能的信念是「任何事情都可能發生」。這個信念除了正確無誤外，也會成為堅強的基礎，讓他建立成功交易者所需要的所有信念和態度。

如果沒有這種信念，他的頭腦通常會自動地在他不知不覺當中，促使他避開、攔阻或合理化他認為不可能出現的市場行為資訊。如果他認為什麼事情都可能發生，他的頭腦就不會避開任何事情，因為任何事情包括「所有的事情」，這種信念會變成一種力量，擴大他對市場的認知，讓他看出原本看不到的資訊。基本上，他會做好準備，打開心靈，從市場觀點，認知更多的可能性。

最重要的是，交易者建立任何事情都可能發生的心態後，會訓練自己的頭腦根據機率的角度思考。這是大家最難以掌握、最不容易有效納入心智系統的最根本原則。

第七章

交易者的優勢──從機率角度思考

機率的意思到底是什麼，為什麼對交易者的長期成就這麼重要？如果你花點時間，分析上面這句話，你會注意到，我把長期成就當成機率的函數。這句話聽起來有點矛盾：你怎麼可能根據具有不確定機率結果的事件，創造長期的成績？要回答這個問題，我們只需要看看賭博業。

企業花幾億、甚至幾十億美元，建造豪華旅館，目的是為了吸引大家到他們的賭場去。如果你到過賭城拉斯維加斯，你就會了解我說的話。博奕公司就像其他企業一樣，必須先向董事會，最後向股東證明他們的資產配置方式有道理。你認為他們會用什麼方式，證明花大錢蓋豪華旅館和賭場有道理，因為賭場主要的功能是從結果純屬隨機的事件中創造營收。

矛盾：隨機的結果、長期的成績

這個矛盾很有趣，賭場日復一日、年復一年長期獲利，靠的是推展一種結果純粹隨機的事情。同時，大部分交易者認為，市場行為的結果不隨機，看來決不能產生長期利潤。持續、非隨機的結果應該產生持續一貫的成績；隨機的結果應該產生隨機和不連貫的成績嗎？

賭場老闆、經驗豐富的賭客和最高明的交易者都了解：如果產生持續一貫的結果，這點是一般交易者難以了解的事情。最高明的交易者把交易當成數字遊戲，類似賭場和專業賭客處理賭博的方式。

為了清楚說明，我們看看二十一點牌戲。玩二十一點時，根據賭場要求賭客遵守的規則，賭場大約比賭客多占四．五%的優勢。這點表示，樣本數夠大時（賭的次數），賭場會從每一美元的賭注中，賺到四．五美分的淨利。四．五美分的平均值考慮所有大贏（包括連續贏錢）後離開的賭客、所有大輸的賭客和介於兩者之間的賭客。每一天、每一週、每個月或每一年結束後，賭場總是會從全部的賭注中，賺到大約四．五%的利潤。

四．五%聽起來可能不很多，但是我們換個角度來看，假設一年期間，一家賭場二十一點賭檯的下注總金額為一億美元，賭場就會淨賺四百五十萬美元。

賭場老闆和職業賭徒知道，每一手牌和另外一手牌相比，在統計上都是獨立的。這點表示，每一手牌都是獨一無二的事件，就上一手牌或下一手牌相比，結果都是隨機的。如果你個別注意每一手牌，贏錢和輸錢的牌分布一定是隨機的，無法預測。但是整體而言，相反的情形才正確。如果賭的次數夠多，就會產生持續一貫、可以預測和統計上可靠的結果。

根據機率思考這麼難，原因是需要表面上互相衝突的兩種層次的信念。在第一種個體層次中，你必須相信每一手牌的結果都不確定、無法預測。你知道這種不確定正確無誤，因為總是有很多不可知的變數，影響一副牌的持續性。例如，你事前不可能知道其他賭客怎麼決定是不是玩下去，因為他們可以要牌，也可以不要牌。影響一副牌一貫性的任何變數都不能控制，事前無法知道，會使任何一手牌和別手牌相比的結果變得不確定，又具有隨機性或統計上的不理性。

第二種層次是總體層次，在這種層次中，你必須相信一連串很多手牌的結果相當確定，可以預測。確定性的高低是根據一定或持續性的變數，這種變數事前已經知道，而且經過特別設計，讓一方或另一方占有優勢。我所指的的持續性變數是玩二十一點的規則，因此，即使事前你不知道或不可能知道（除非你是靈媒）贏錢到輸錢的系列，你卻可以相當確定如果玩的次數夠多，占有優勢的人最後會贏多輸少，確定性的高低是優勢多寡的函數。

賭場和職業賭徒在個體的水準上，相信二十一點賭法無法預測，同時在總體的水準上，相信這種賭法可以預測，因此能夠有效、成功地賭博。他們相信每一手牌都獨一無二，因此不會毫無意義地想預測每一手牌的結果。他們學會、也完全接受自己不知道下一手牌是什麼樣子的事實，更重要的是，他們不需要知道，長期就能持續一貫地贏錢。

因為他們不需要知道下一步的變化，因此對每一手牌、每一次輪盤的轉動或每一次擲骰子，都不會賦予情感上或其他方面的特殊意義。換句話說：他們不會受不切實際的期待妨礙，不會期望下一步的變化，也沒有投入自尊心，不必非對不可，因此，比較容易努力注意占住機率的優勢，完美地執行，進而比較不容易犯代價高昂的錯誤。他們能夠輕鬆自在，是因為他們信心堅定，願意讓機率，也就是讓他們的優勢自行發揮，同時他們知道，如果他們的優勢夠高、樣本數夠大，他們最後一定是贏家。

最高明的交易者跟賭場和職業賭徒一樣，採用同樣的思考策略。這種策略不但為他們帶來好處，而且進行交易和賭博一樣，支持這種思考策略的基本因素完全相同，簡單地比較一下，可以清楚地看出這一點。

首先，交易者、賭徒和賭場都是處理已知和未知的變數，這些變數會影響每筆交易或賭博的結果。賭博中已知的變數是賭博規則，從個別交易者的觀點來看，交易中已知的變數是他們市場分析的結果。

市場分析會找出所有市場參與者的集體行為型態。我們知道，在類似的情況下，個人會一再做出同樣的行動，產生可以觀察的行為型態。同理，由個人組成的團體彼此互動，日復一日、週復一週，也會產生一再重複的行為型態。

交易者可以利用趨勢線、移動平均線、擺盪指標或折返指標等成千上萬種分析工具，找出這種集體行為型態。每一種分析工具都採用一套標準，辨認出一種行為型態的界限，這種標準和辨認出來的界限是交易者已知的市場變數，對個別交易者而言，就好比賭場和賭客的賭博規則一樣。我們這樣說，意思是交易者的分析工具是已知的變數，讓交易者在任何交易中，占住對交易者有利的成功機率（優勢），就像賭博規則讓賭場占住成功的機率一樣。

第二、我們知道賭博時，有很多未知的變數會影響每種賭法的結果。賭二十一點時，未知的變數是牌的洗法，以及賭客決定怎麼玩手上的牌；擲骰子時，未知的變數是骰子的擲法；輪盤賭中，未知的變數是轉輪盤所用的力量大小。所有這些未知的變數都會影響每一種事件的結果，造成每一種事件在統計上和其他個別事件毫無關係，因而在輸贏之間，產生隨機的分配。

交易也涉及很多未知的變數，這些變數會影響交易者可能辨認出來、當成優勢的任何特定行為型態的結果。交易時，未知的變數是所有可能進場交易的交易者。任何時候，每筆交易都對市場的部位有所貢獻，意思是根據行情是高是低信念進行的每一筆交易，都對當時展現的集體行為型態有所貢獻。

如果市場出現一種可以辨認的型態，如果用來界定這種型態的變數，符合特定交易者優勢的定義，那麼我們可以說，市場提供交易者機會，根據自己的定義買低或賣高。假設交易者抓住機會，利用自己的優勢，進行交易，什麼因素會決定市場的發展是否符合交易者優勢的方向？答案是其他交易者的行為！

交易者進行交易後，只要維持部位，其他交易者就會參與這個市場，會根據他們對價格高低的信念，採取行動。任何時候，都會有一定比率的其他交易者，對這位交易者的優勢得到有利結果的事情有所貢獻，也有一定比率的其他交易者會抵消這位交易者的優勢。大家事先不知道別人的行為如何，也不知道別人的行為對這位交易者的交易有什麼影響，因此這筆交易的結果不確定。事實上，任何人決定進行的每一筆合法交易結果如何，多少都受其他市場參與者的後續行為影響，使所有交易的結果都變得不確定。

因為所有交易的結果都不確定，因此每一筆交易像賭博一樣，即使交易者可能利用同一套已知的變數，看出自己在每一筆交易中的優勢，每一筆交易在統計上，還是跟下一筆交易、上一筆交易或未來任何交易沒有關係。此外，如果每一筆交易的結果在統計上，獨立於所有其他交易，那麼即使每一筆交易的成功機率可能對交易者有利，任何一系列交易的盈虧一定也是隨機分配的。

第三、賭場老闆不會設法預測每件個別事件的結果，一則是因為每種賭法中，未知的變數極多，預測極為困難，而且也不見得會產生持續一貫的結果。賭場老闆知道，自己只要占住對自己有利的優勢，事件的樣本數夠大，自己的優勢就有很多機會發揮。

當下的交易

交易者學會根據機率思考後，幾乎也用同樣的觀點接近市場。從個體的層次來看，他們認為每一筆交易或優勢都獨一無二，他們了解的市場本質是：任何時刻，市場在圖表上表現出來的樣子，看起來可能跟先前某一刻的樣子完全相同；用來決定每一種優勢的幾何測量和數學計算方法，可能跟計算下一個優勢的方法完全一樣；但是市場本身在不同時刻，實際一貫性絕對不會相同。

現在的行為型態要和先前的某一刻完全相同，那麼先前參與市場的每位交易者現在都必須在場。此外，在同一段時間裡，每位交易者和其他交易者互動時，方式都必須和先前完全相同，才會產生完全相同的結果，這種情形發生的機率幾乎等於零。了解這種現象極為重要，因為這點對你的交易有至為重要的心理影響。我們可以採用所有的工具，分析市場行為，找出代表態在數學和視覺上，每一方面似乎都完全相同。但是產生「當前」這種型態的所有交易者，跟產生過去型態的所有交易者中，即使只有一個人不同，那麼當前型態的結果就可能跟過去不同（前面所說分析師和董事長的例子，相當清楚地說明了這一點。）只要世界上任何地方，有一位交易者對未來的看法不同，就會改變特定市場型態的結果，抵消這個型態所代表的優勢。

市場行為有一個最基本的特性，就是每種型態「當下」的市場狀況、每種「當下」的行為型態、和每種「當下」的優勢，總是獨一無二的情況，具有彼此之間完全獨立的結果。獨一無二的意思是任何事情都可能發生，不管是我們已經知道（預期）、不知道，或不能知道的事情——除非我們具有特殊認知能力，已知和未知的變數會不斷流動，產生一種機率的環境，使我們不能確定接下來會發生什麼事情。

最後一句話看來可能相當合理，甚至不證自明，但是其中有完全不合理或完全不證自明的大問題。了解不確定性和機率的本質，不等於能夠從機率的角度實際有效運作。要學會根據機率思考可能很難，因為我們的頭腦天生就不是用這種方式處理資訊，相反的，頭腦促使我們看出我們已經知道的事情，我們已經知道的事情是過去的一部分，然而，在市場上，每一刻都是新穎、獨一無二的時刻，只是其中可能有些事情類似過去發生的事。

這點表示，除非我們訓練自己的頭腦，看出每一刻的獨特性，否則這種獨特性會從我們的認知中過濾出去。我們只會看到已經知道的事情，再減掉因為恐懼心理而排除的資訊；其他的一切我們都看不見。基本上，根據機率思考有點複雜，某些人可能要花相當多的功夫，才能把這種思考策略整合到心智系統中，便於運用。大部分交易者不了解這一點，又多少了解機率觀念，因此會誤以為自己是根據機率觀點思考。

我和幾百位交易者合作過，他們都誤以為自己是根據機率的角度思考，實際上並非如此。下面這個例子是跟我合作過的交易員，名叫鮑勃。他是合格的交易顧問，大約管理五千萬美元的投資，從事這一行已經將近三十年，他來參加我主持的研討會，是因為他從來都無法為自己管理的帳戶，創造高於十二到十八%的年度報酬率。這種報酬率相當好，但是鮑勃極為不滿意，因為他的分析能力顯示，他應該創造一五〇到二〇〇%的年度報酬率。

我要說鮑勃相當了解機率的本質。換句話說，他了解機率觀念，卻不是從機率的角度操作。他參加研究會後不久，打電話給我，要我提供建議，下面是我在電話交談後立刻寫下來的記錄。

一九九五年九月二十八日

鮑勃碰到問題，打電話來。他從事一筆猪腩交易，根據市價設定停損，行情離他的停損點價格大約三分之一，然後又回到他的切入點，他決定平倉保住資金。他出脫部位後，行情幾乎立刻往他操作的方向波動五百點，但是他已經出場，他不了解這一切到底是怎麼回事。

我首先問他交易中有什麼風險，他不了解這個問題，他認為，他已經接受風險，因為他設定了停損。我回答說，設定停損不表示他真正接受交易風險。根據交易者交易的基本動機而定，風險有很多種，包括虧損、做錯方向、做的不完美等等。我指出，個人的信念總是會從行動中透露出來。我們可以假設他操作時，認定交易者必須有紀律、必須界定風險、設定停損，他也這樣做了。但是交易者可能設定停損，同時卻不相信自己會停損出場，或不相信行情走勢會背離自己的操作方向。

根據他的描述，我覺得他的情形正好就是這樣。他進場交易時，不相信自己會停損出場，也不相信市場走勢會背離他的操作方向。事實上，他很固執，因此市場回到他的切入點時，他用「我讓你瞧瞧」的態度，平倉出場，懲罰居然敢背離他操作方向的市場，即使只背離一檔，他也是這樣做。

我指出這點後，他說他平倉退出時，正好是抱著這種態度。他說，他等待這筆交易已經好幾個星期，行情終於走到這一點時，他認為行情立刻會反轉。我提醒他，把這次經驗當作單純地顯示他有什麼東西需要學習。根據機率思考的先決條件是你必須接受風險，因為如果你不接受，風險出現時，你會不想面對你不接受的可能性。

你訓練頭腦根據機率思考時，表示你完全接受所有的可能性，內心沒有抗拒，也沒有衝突，而且你總是會採取行動，把未知的力量考慮進去。除非你花了必要的心力，「放棄」知道下一步會發生什麼事情，或每一筆交易都必須正確無誤的需要，否則你不可能正確思考。事實上，你認為「自己知道」、「假設自己知道」，或是「需要知道下一步會發生什麼事情」的程度，等於你交易時的失敗程度。

交易者學會根據機率思考後，會對自己的整體成功很有信心，因為他們決心進行符合優勢定義的每一筆交易。他們不會設法挑選他們認為、假設、相信會發揮作用的優勢，再根據這種優勢行動，也不會因為任何原因，避開他們認為、假設、相信不會發揮作用的優勢。如果他們做這種事情中的任何一種，就是違背自己認定「當下」狀況走勢獨一無二，會在一連串優勢的成敗方面產生隨機分配的信念。他們通常要經過相當多的痛苦，才學到自己事前不知道哪些優勢會發揮作用，哪些不會發揮作用，他們已經不再嘗試預測結果。他們發現，利用每一次的優勢，會像賭場一樣，相對增加交易的樣本數，這樣會讓他們利用的優勢，有很多機會發揮對他們有利的作用。

另一方面，為什麼不成功的交易者會對市場分析入迷？他們喜歡分析似乎能夠帶給他們的確定感。雖然很少交易者願意承認，實際上，一般交易者希望每一筆交易都正確。交易者極力想在根本沒有確定感的地方，創造確定感。諷刺的是：如果他完全接受「確定感不存在」的事實，他就會創造出他喜愛的確定感，也就是絕對確定「確定感不存在」。

你完全接受每一種優勢都不確定，每一個時刻都獨一無二時，你再也不會為交易煩惱。此外，你再也不會犯所有典型的交易錯誤，拖累你長期獲利的可能性，摧毀你的自信心。例如，交易前不界定風險是最常見的交易錯誤，整個交易過程因而從不適當的角度開始。鑒於任何事情都可能發生，進行交易前，決定市場必須有什麼樣子、聲音或感覺，才可能讓你知道你的優勢不能發揮，豈不是很有道理嗎？那麼，為什麼一般交易者總是犯錯？

上一章我已經告訴你答案，但是還有更多的原因，而且其中也涉及一些麻煩的邏輯，但是答案很簡單。一般交易者交易前，不願意事先界定風險，是因為他相信沒有必要這樣做。他之所以會相信「沒有必要這樣做」，唯一的原因是他認為「自己知道下一步會有什麼變化」，他認為自己知道下一步會有什麼變化，是因為他相信自己正確之前，不會進行交易。到了他認為交易會賺錢時，就不必界定風險（因為如果他的判斷正確，交易就沒有風險）。

一般交易者開始交易前，會經歷說服自己是正確的過程，因為他們根本拒絕接受另一種事實（錯誤）。請記住：我們的頭腦經過進化，善於聯想，因此交易者在任何交易中犯錯，都可能聯想到生活中犯錯的其他經驗。其中的意義是，任何交易可能很容易促使交易者，想起生活中犯錯所累積的痛苦。因為大部分人心中都有跟犯錯有關、沒有解決的大量負面能量，因此很容易看出來，為什麼每一筆交易實際上都可能帶有非生即死的意義。

因此，對一般交易者來說，決定市場呈現什麼樣子、聲音或感覺，才能告訴他交易是否成功，會因此產生無法協調的兩難。一方面，他渴望追求勝利，追求勝利唯一的方法是入市，但是入市唯一的條件是他必須確定交易能夠為他帶來勝利。

另一方面，如果他界定了風險，他會故意收集證據，否定他已經相信的信念，否定他說服自己交易會獲利的決策過程。如果他接觸互相衝突的資訊，他一定會對交易的可行性產生懷疑，如果他體驗到懷疑，就很不可能入市。如果他沒有入市交易，他原來打算進行的交易獲利時，他會極為惱怒，對某些人來說，看出機會卻因為自我懷疑而錯過機會，造成的傷害最大。對一般交易者而言，要掙脫這種心理困境，唯一的方法是忽視風險，繼續相信這筆交易正確。

如果這一切聽起來很熟悉，請考慮下面的情形，你相信自己正確時，你會告訴自己：「我知道誰在市場上、誰打算進場，我知道他們心中認定的高低價。此外，我知道每個人根據內心信念採取行動的能力（內心明瞭或相對缺乏內心衝突的程度），因為我知道這些事情，我可以判定每個人的行動加總起來，對一秒鐘、一分鐘、一小時、一天或一週後的價格波動，會有什麼影響。」你從這種角度，看看你讓自己相信自己正確無誤的過程，看來有點荒謬，對吧？

交易者如果學會從機率角度思考，就不會碰到兩難的狀況。對這種交易者來說，事先界定風險不會變成問題，因為他們不是從對錯的角度進行交易。他們已經學到交易跟個別交易的對錯無關。因此，他們看待交易風險的方式跟一般交易者不同。

最高明的交易者（根據機率思考的人）像一般交易者一樣，對於錯誤意義的看法，抱著同樣多的負面能量。但是只要他們正常地把交易定義為機率遊戲，他們對任何交易結果的情感反應，會和一般交易者投擲錢幣，預測正面會向上，卻看到反面向上時預測錯誤的感覺一樣，對大部分人來說，預測投擲錢幣的結果錯誤時，應該不會使他們聯想到生活中犯錯時所累積的痛苦。

為什麼？大部分人都知道投擲錢幣的結果是隨機的，如果你相信結果是隨機的，你自然期望隨機的結果。隨機暗示至少有某種程度的不確定性，因此我們相信隨機的結果時，暗示我們接受自己不知道結果如何的觀念。我們事前接受不知道事件結果如何的觀念時，會產生影響，使我們保持中立和開放的期望。

我們現在要談困擾一般交易者的核心問題。如果你對市場行為不是抱著中立和開放的期望，而是抱著清楚、明確或僵化的期望，就是不切實際，可能造成傷害。我把不切實際的期望，定義為不符合從市場觀點看出的可能性。如果市場上的每一刻都獨一無二，任何事情都可能發生，那麼不能反映這種可能性沒有限制的期望，就是不切實際的期望。

管理期望

抱持不切實際的期望可能造成傷害，原因是這種期望會影響我們看待資訊的方式。期望是頭腦對未來某一刻的樣子、聲音、味道、氣味或感覺的想像。期望來自我們知道的事情，這點有道理，因為我們不可能期望我們不知道或不了解的東西。我們知道的東西等於我們已經學到，也相信是外在環境表現自己的方式。我們相信的東西是我們個人對事實真相的看法。我們預期什麼東西時，是把我們相信是事實的東西，投射到未來。我們期望一分鐘、一小時、一天、一星期或一個月後的外在環境如何，就是外在環境展現在我們心裡的樣子。

我們對於自己要把什麼東西投射到未來，必須小心謹慎，因為沒有什麼東西比不能滿足的期望，造成的不快樂和情感痛苦更嚴重。事情如你預期的一樣發生時，你有什麼感覺？你的反應通常是樂不可支（包括快樂、欣喜、滿足和更大的幸福感），當然，除非你預期的可怕事情發生，那就另當別論。相反的，你的期望不能實現時，你有什麼感覺？大家普遍的反應是情感上的痛苦，環境的變化不如我們的預期時，大家都會感受到某種程度的憤怒、怨恨、絕望、後悔、失望、不滿或遭到背叛的感覺。當然，遠比我們想像還好的事情發生，讓我們極為驚訝，是另一回事。

這就是我們碰到問題的地方，因為我們的期望來自我們知道的事情，我們認定或相信我們知道什麼事情時，自然期望這些事情正確無誤。這時，我們的心態就不是處在中立或開放的狀態，這一點不難了解。如果市場的發展符合我們的預期，我們會覺得很快樂，如果市場的發展不如我們的預期，我們會覺得很難過，那麼我們的心態就不是完全中立或開放。情形正好相反，期望背後的信念力量會促使我們，用符合我們期望（我們天生喜歡覺得好過）的方式，看待市場資訊；我們逃避痛苦的機制會促使我們，隔絕和我們的期望不符合的資訊（使我們不會覺得難過）。

我說過，我們的頭腦經過進化，會幫助我們避開身心的痛苦。意識和下意識階層都有這種避開痛苦的機制。例如，如果有一樣東西向你的頭部射來，你的直覺反應是避開。躲避是不需要意識的決策過程。另一方面，如果你可以清楚地看出東西是什麼，有時間考慮其他的反應，你可能決定抓住這個東西、用手拍開或躲避。這些都是我們怎麼保護自己避免身體痛苦的例子。

要保護自己避免情感或心智上的痛苦，方法相同，只是現在我們要保護自己不受資訊的傷害，例如，市場展現出和本身以及可能向特定方向波動的資訊時，如果我們希望或期望的東西和市場展現的東西不同時，我們逃避痛苦的機制會發揮，填補其中的差異。這種機制和身體痛苦一樣，也在意識和下意識階層發揮作用。

為了在意識階層保護自己不受痛苦的資訊傷害，我們會合理化、會找理由、會找藉口、會刻意收集能夠抵消相反資訊的事物、會生氣（以便抵消相反的資訊），或是乾脆對自己撒謊。

在下意識階層中，逃避痛苦的程序深入、神祕多了。我們的頭腦可能壓制我們的能力，讓我們看不出其他對策，但是在別的狀況中，我們應該可以看出這些對策。因為其他對策跟我們的希望或期望衝突，逃避痛苦的機制可能使這些對策消失，好像不存在一樣。要說明這種現象，最好的例子是我已經提到的情況：我們進行交易時市場走勢背離我們。事實上，市場已經背離我們的希望或期望，確立了向相反方向發展的趨勢。在正常情況下，要不是市場背離我們的部位，我們要看出或認出這種型態應該不成問題，但是因為我們發現承認這件事太痛苦，這種型態就失去了意義（變成看不見）。

為了避免痛苦，我們會縮小注意力，只注意能夠讓我們不痛苦的資訊，不管這種資訊多麼沒有意義、多麼不重要。同時，清楚顯示趨勢和順勢交易機會存在的資訊會消失，實際上趨勢並沒有消失，消失的是我們看出趨勢的能力，逃避痛苦的機制壓制我們的能力，讓我們無法界定和解讀市場展現趨勢的行為。

市場反轉，變成對我們有利，或是我們因為虧損太多，壓力大的無法忍受，被迫退出交易前，我們都看不到這種趨勢。一直要到我們退出交易或是脫出危險、脫出趨勢和順勢交易賺錢的機會變得很明顯前，我們都看不到趨勢，這是典型的後見之明。事情過了以後，我們的頭腦不必再保護我們不受任何東西傷害時，原本應該可以看出來的差異現在都變得十分清楚。

我們全都可能啟動保護自己、避免痛苦的機制，因為這種機制是頭腦天生的功能。我們經常會保護自己，不受可能勾起深層情感傷口或創傷的資訊影響，這些都是我們根本不準備面對，或是沒有適當技巧或資源能夠應付的創傷。在這種情況中，我們天生的機制會幫我們大忙，但是更常見的情形是，逃避痛苦的機制只是保護我們，避開顯示我們的期望和環境所提供的事物衝突的資訊，這就是避免痛苦機制使我們喪失功能的地方，尤其是喪失交易功能的地方。

要了解這種觀念，你可以問自己，市場資訊到底有什麼地方讓人覺得受到威脅，是因為市場資訊存在的天生本質表現出帶有負面能量嗎？情形看來可能是這樣，但是在最根本的層次上，市場讓我們看到的是上漲和下跌，或是陽線與陰線。這種漲跌型態代表優勢。請問漲跌型態帶有負面能量嗎？看來確實可能是這樣，但是從市場觀點來看，這些資訊是中立的資訊。每一次上漲、下跌或是漲跌型態只是資訊而已，告訴我們市場的立場。如果這種表現市場存在天生特性的資訊帶有負面能量，那麼接觸這種資訊的人豈不是都會感受到情感的痛苦嗎？

舉例來說，如果你我都被硬物擊中頭部，我們的感覺如何很可能沒有太大的差別，我們都會覺得很痛。身體的任何部位接觸帶有某種力量的硬物時，都會造成有正常神經系統的人覺得痛楚。我們的感受相同，是因為我們的身體結構基本上相同，痛是遭到有形物體撞擊時的自動生理反應。環境以文字或知識表現的資訊，或是市場以漲跌表現的資訊衝擊我們時，造成的痛苦可能和遭到硬物撞擊時一樣；但是資訊和物體之間有一種重要的差別，資訊是無形的，資訊不是由原子和分子構成，要感受資訊的消極和積極影響需要透過解讀。

解讀是我們獨一無二心智結構的功能，每一個人的心智結構都獨一無二，是出於兩個根本原因：

第一，所有的人天生都受遺傳密碼影響，產生不同的行為和人格特質，造成每一個人的需要都不同。環境對這些需要的反應多積極或多消極，反應的程度多高，都會為每一個人創造獨一無二的經驗。

第二，每一個人都曝露在各種不同的環境力量下，每一個人碰到的這種力量可能類似，但是絕對不會完全一模一樣。

如果你考慮由遺傳決定的人格特質可能有多少種組合，再對照我們一生中所碰到的環境力量幾乎無限，這一切都會影響我們心智架構的建立，那麼你就不難看出為什麼大家沒有一致的心智架構。身體由共同的分子結構構成，能夠體驗身體上的痛苦，心態卻沒有一致的結構，不能保證我們會用同樣的方式，體驗資訊的消極或積極影響。

例如，有人可能辱罵你，希望讓你在情感上覺得痛苦。從環境的觀點來看，辱罵是帶有負面能量的資訊，你會感受到對方刻意發出的負面影響嗎？不一定！你必須能夠把辱罵解讀為負面資訊，才會感受到負面影響。如果對方用你不懂的語言辱罵你，或是用你不知道意思的字眼辱罵你，情形會怎麼樣？你會感受到對方刻意製造的痛苦嗎？不會，除非你建立了一種架構，把對方的話定義和了解為辱罵。即使如此，我們也不能假設你的感覺和辱罵背後的意圖相等。你可能具有看出負面意圖的架構，但是你可能不會覺得痛苦，反而感受到異樣的快樂。我碰到過很多人，他們純粹為了自己的快樂，喜歡用負面的情感激怒別人，如果他們在這種過程中遭到辱罵，反而會產生一種快樂的感覺，因為他們知道自己的做法多麼成功。

人在表達真正的愛心時，是把帶有正面能量的資訊投射到環境中。假設表達這種積極感覺背後的意圖是傳達關心、愛心和友誼，我們是否能夠保證，這種帶有正面能量資訊投射的對象，會有相同的解讀和感受？不能，不能保證。自尊心十分低落的人，或是在人際關係上感受到很多傷害與失望的人，經常會把表達真正愛心的資訊，錯誤地解讀為別的東西。以自尊心低落的人來說，如果他不相信自己值得別人這麼愛，他會發現很難把自己得到的資訊，解讀為真正的愛心。第二種情況中的人在人際關係上，累積了大量的傷害與失望，因此會認為真心表達的愛心極為罕見，甚至不存在，而很可能會把這種狀況解讀為別人想要什麼東西，或是想用什麼方式占他便宜。

我知道我不必繼續說明下去，我們都有過他人試圖向我們傳達什麼意思，我們卻錯誤解讀；或是我們對別人表達什麼意思，別人卻用我們完全意想不到的方式解讀和感受的例子。我要說的重點是每一個人都會用獨一無二的方式，界定、解讀和感受自己接受的資訊。感受環境提供的資訊──不論是積極、中和或消極的資訊──都沒有標準化的方法，原因完全是看待資訊的心智結構沒有標準化。

想一想我們進行交易時，市場時時刻刻都提供資訊讓我們解讀。從某方面來看，你可以說市場和我們溝通，如果我們從頭就認定市場不會產生帶負面能量的資訊，我們就可以詢問和回答下面的問題——「什麼東西使資訊帶有負面性質？」換句話說，痛苦的威脅到底從何而來？

如果威脅並非來自市場，那麼一定是起源於我們定義和解讀既有資訊的方式。界定和解讀資訊是我們認定自己知道或相信正確觀念的結果，如果我們知道或相信的東西確實正確——否則我們不會相信——那麼我們把自己的信念以期望的方式，投射到未來的某一刻，我們自然期望自己正確無誤。

我們期望自己正確無誤時，凡是不符合我們正確無誤觀念的資訊，都會自動變成具有威脅性。我們逃避痛苦的機制可能會阻止、扭曲具有威脅性的資訊，或是降低這種資訊的意義。真正可能傷害我們的東西，就是我們頭腦運作的這種特殊方式。身為交易者，我們不能讓逃避痛苦的機制，純粹因為市場行為不符合我們的希望或期望，就完全無法得知市場告訴我們下一個進場、出場、加碼或減碼機會的資訊。

例如，你抱著不打算交易的態度，密切觀察你很少進場交易的市場時，任何漲跌會使你覺得生氣、失望、挫折、痛苦或遭到背叛的感覺嗎？絕對不會！原因在於其中不涉及任何利益。你只是觀察市場當時告訴你的資訊。如果你觀察到的漲跌形成你知道怎麼辨認的某種行為型態時，你是否立刻可以看出來？當然可以，原因完全相同，就是其中不涉及任何利益。

其中不涉及利益，是因為你沒有期望。你沒有把你相信、假設或認為自己知道的市場知識，投射到未來的某一個時刻。因此，其中沒有什麼對錯，資訊也不會帶有威脅性或負面能量的特質。你既然沒有什麼特別的期望，就不會對市場可能表現自己的方式加上任何限制。既然沒有心智上的限制，你就會根據市場波動本質的方式，看待一切，你逃避痛苦的機制中，就不會有什麼東西為了保護你，排除、扭曲或抵消你的知覺。

在我主持的研討會上，我總是要求學員解決下面這個跟交易有關的主要矛盾：交易者要用什麼方法，才能同時學會堅持與彈性？答案是：我們在規則上必須堅持，在期望上必須有彈性。我們必須堅持自己的規則，這樣才能得到信任自己的感覺，在沒有什麼限制的環境中保護自己。我們的期望必須有彈性，這樣我們才能最清楚、最客觀地看出市場從本身的角度，要傳達給我們的資訊。但是一般交易者的做法很可能正好相反：在規則上有彈性，卻堅持自己的期望。有趣的是，交易者越堅持期望，越可能扭曲、違反或打破自己的規則，因為為了滿足自己的期望，就要放棄市場所提供的一切。

消除情感上的風險

要消除交易中的情感風險，你必須中和你對市場在任何時刻或任何情況中，會不會有什麼行為的期望。要做到這一點，你可以刻意的從市場的角度思考。請記住，市場總是以機率的方式傳達資訊，從整體來看，你的優勢在各方面看來都很完美，但是從個體的層次來看，每一個交易者都可能成為影響價格波動的力量，抵消你的優勢形成的有利結果。

要根據機率的角度思考，你必須創造出以心智結構或心態配合機率環境的基本原則。和交易有關、以機率為基礎的心態由下列五種基本事實構成。

1. 任何事情都可能發生。
2. 要賺錢不必知道下一步會有什麼變化。
3. 定義優勢的任何一組變數產生的盈虧，都是隨機分佈的。
4. 優勢只不過是顯示一種事情發生的機率高於另一種事情。
5. 市場中的每一刻都具有獨一無二的性質。

請記住，你會不會感受到情感上的痛苦，要由你怎麼界定與解讀所接觸的資訊而定。你接受這五種事實時，你的期望總是會符合市場環境中的心理現實。你抱著適當的期望時，就不會把市場資訊，定義和解讀為令人痛苦或帶有威脅，因此可以有效地中和交易中的情感風險。

這樣做的目標是創造開放的心態，完全接受市場中總是有未知力量運作的事實。你把這些事實當作信念系統中充分運作的一環後，腦中理性的部分會保護這些事實，就像保護你對交易本質所抱持的信念一樣。這點表示，至少在理性的層次上，你的頭腦會自動對抗你認為或假設自己確實知道下一步會有什麼變化的想法。這種想法和每一筆交易都是獨一無二的事件、結果都不確定、和過去任何交易都是隨機關係的想法衝突，同時和你認為自己確定下一步會發生什麼、預期自己的判斷正確無誤的想法衝突。

如果你真的相信結果不確定，那麼你也應該預期幾乎任何事情都可能發生。否則你知道一切的觀念會掌控你的頭腦，你會不再考慮所有未知的變數。你的頭腦不會讓你同時用兩種方式運作。如果你相信自己知道什麼事情，當下的時刻就會變得不再獨一無二，當下的時刻不再獨一無二時，那麼一切事情不是已知就是可知，也就是沒有什麼事情是未知的。然而，你不再考慮不知道或不能知道的狀況，不再接受市場提供的一切，你就會變得容易犯所有典型的交易錯誤。

例如，如果你真的相信結果不確定，你會不會考慮在沒有事前界定風險前進行交易？如果你真的認為自己不知道，你停損時會不會猶豫不決？你要怎麼處理操之過急的交易錯誤？如果你不相信自己會錯過機會，你要怎麼預期市場還沒有表現出來的信號？

如果你不確定市場會一直照著你的期望波動，你為什麼要讓獲利的交易變成虧損，為什麼不獲利落袋？為什麼你猶豫不決，不願意進行交易，除非你相信從你的原始切入點進行交易一定會虧損？如果你不確定一定會獲利，為什麼你會打破自己的資金控管規則，交易太大的部位，大到超出你的資金或情感容忍虧損的程度？

最後，如果你真的相信輸贏是隨機分配，你是否曾經感覺到市場背叛你？如果你投擲錢幣，又猜對結果，你不見得會因為上次猜對，就期望下次也猜對；也不會因為上次猜錯，就預期下次也會猜錯。因為你相信正面和反面出現的機率是隨機分配的，你的期望應該會和現實狀況密切配合。你當然喜歡猜對，如果你猜對了，當然很好，但是如果你猜錯了，你應該不會覺得錢幣背叛你，因為你知道而且接受投擲錢幣時，有一些未知的變數會影響結果。未知的意思是「投擲錢幣前，理性思考過程不能考慮」，只能完全接受的事情。因此，你不太可能感受到遭到背叛時所出現的情感痛苦。

如果你進行交易時，預期會得到隨機的結果，即使結果完全符合你對優勢的定義，而且結果是獲利，你至少總是會對市場的行為覺得有點訝異。然而，預期隨機的結果不表示你不能完全應用思考和推理能力，預測結果，也不表示你不能猜測下一步會有什麼變化，或是對下一步的變化有什麼靈感或感覺，因為你的確可以這樣做。此外，你可能每次都判斷正確，你只是不能預期自己都會正確無誤，如果你判斷正確，你不能預期上一次做對的事情下次也會正確無誤，即使情況看起來、聽起來或感覺起來可能完全相同。

你在市場上「當下」看到的事情，絕對不會跟心中存在的某些舊經驗完全一模一樣。但是這點不表示你的頭腦不會根據天生的運作方式，設法使兩者變成完全相同。「當下」和你過去所知道的某些事情之間，一定會有類似的地方，但是這種類似的地方只能讓你作為努力的依據，把成功的機率變得對你有利。如果你從自己不知道下一步會有什麼變化的角度進行操作，你會避開頭腦天生把「當下」和先前經驗混為一談的傾向。這樣做看來似乎很不自然，但是你不能讓過去否定或極為肯定的經驗，主導你的心態，如果你這樣做，你會很難看出市場從本身角度打算跟你溝通的資訊。

我從事交易時，只預期某些事情會發生，不管我認為自己的優勢多大，我頂多預期市場會以某種方式波動，或表現本身的狀態。然而，有些事情我確實知道，我知道根據市場過去的行為，市場走勢朝我操作的方向波動，或是我可以接受的機會相當大，至少我願意承擔這個成本了解實際狀況。

我進行交易前，也知道市場和我的部位背離多少，是我願意接受的限度。和獲利潛能相比，進行交易時，總是會有某一個時點，成功的機率會大為降低。到了這個時點，沒必要再花錢去確認交易結果。如果市場走到這個時點，我知道自己會毫不懷疑、毫不猶豫、內心也不會衝突，我會出脫部位。虧損不會造成情感上的任何傷害，因為我不會從負面的角度解讀這次經驗。對我來說，虧損只是推動業務的成本，是我希望交易獲利時所必須花費的費用；另一方面，如果交易獲利，我大都很清楚自己在什麼時點會停利出場（如果我不十分清楚，也一定相當了解）。

最高明的交易者都處在「當下」的狀況中，因為這種情況中沒有壓力，沒有壓力是因為除了他們願意花在交易上的金額之外，沒有其他風險。最高明的交易者不會設法追求正確，或是設法避免錯誤；也不會設法證明什麼東西。如果市場告訴他們，他們的優勢沒有用，或是告訴他們現在應該獲利落袋，他們的頭腦不會阻止這種資訊，他們會徹底接受市場提供給他們的東西，等待下一個優勢。

第八章
發揮信念的優勢

你現在的任務是把第七章談到的五大基本事實，正確納入心裡的實用層次上，為了幫助你做到這一點，我們會深入探討信念，了解信念的性質、特性和特徵。然而，這樣做之前，我會檢討和整理已經談過的主要觀念，讓它變成十分清楚、比較實用的架構。你從第八章和第九章學到的東西，會變成你了解要達成交易目標需要做什麼事情的基礎。

問題的定義

市場在最根本的層面上，只是一系列漲跌型態。技術分析把這種型態當成優勢，任何當成優勢的型態只是顯示市場向某一個方向波動的機率比較高。然而，其中有一種重大的心智矛盾，因為型態暗示持續一貫的性質，至少是暗示持續一貫的結果。但是實際上，每一種型態都是獨一無二的狀況，不同的型態看起來或測量起來可能完全相同，但是相同程度只是表象。每種型態背後的力量都是交易者，造成某種型態的交易者總是和造成另一種型態的交易者不同，因此每種型態的結果之間只有隨機關係，我們的頭腦天生具有聯想的功能，使這種矛盾可能變得難以處理。

這種優勢或優勢所代表的心態時時刻刻都在變化，使市場變成永無休止的進場、出場、獲利、停損、加碼或減碼的機會流程。換句話說，從市場觀點來看，每一刻都代表交易者自主採取某種行動的機會。

什麼東西使我們不能看出每一個「當下」，都是為自己採取行動或正確行動的機會？當然是我們的恐懼！我們的恐懼從何而來？我們知道不是來自市場，而是來自市場觀點，市場所產生的漲跌和型態沒有正面或負面的能量。因此，漲跌本身沒有能力促使我們進入消極或積極的心態、喪失客觀性、犯錯或引領我們脫離機會流程。

如果市場不是我們體驗到負面能量心態的原因，那麼原因是什麼？是我們定義和解讀我們所認知資訊的方式。如果確實是這樣，那麼什麼力量決定我們會看到什麼，決定我們怎麼定義和解讀這種資訊？是我們相信或假設為正確的信念。我們的信念配合聯想和逃避痛苦的機制，以五種感覺的力量表現出來，促使我們配合我們所預期的東西，認知、定義和解讀市場資訊。我們預期的東西等於我們相信或假設為正確的東西，期望是投射到未來某些時刻的信念。

從市場觀點來看，每一個時刻都獨一無二，但是如果市場產生的資訊性質、特性或特徵，類似我們心中已經存在的東西，這兩種資訊（外部和內部資訊）會自動連結起來，連結形成後，會引發一種心態（信心、欣喜、恐懼、恐怖、失望、後悔、背叛等等），這種心態等於和外部資訊連結在一起的信念、假設或記憶。這種情形使外部狀況和內心既有的資訊看來完全相同。

我們在市場上看到的外部資訊是否不容置疑、沒有問題，是由我們的心態決定。我們的心態一直都是絕對的真理，如果我覺得有信心，那麼我就有信心，如果我覺得害怕，那麼我就害怕。我們不能質疑隨時在我們身心中流動的能量數值。因為我知道我的感覺是不容置疑的事實，你可以說，我也知道那一刻我看到的外界事物正確無誤。問題是我們的感覺一直都是絕對事實，但是和市場上任何時候存在的可能性相比，引發我們心態或感覺的信念可能並非正確無誤。

想一想小男孩和狗的例子。小男孩知道他在第一隻狗之後碰到的每一隻狗，都具有威脅性，知道這點是絕對的事實，原因在於每次有狗進入他的意識領域時帶給他的感覺，讓他害怕的不是其他的狗，而是帶負面能量的記憶跟聯想，和逃避痛苦的機制互相配合，使他覺得害怕。他體驗到自己特有的事實真相，這種事實和環境中存在的可能性並不相符。和狗可能表現出來的特性和特徵相比，他心中有關狗天性的信念相當有限，但是每次他碰到狗時感覺到的心態，促使他相信自己十分清楚狗會有什麼表現。

同樣的程序促使我們，相信我們十分「清楚」市場會有什麼表現，但事實上，任何時刻總是有我們不知道的力量在發揮作用。問題是我們認為自己「知道」會有什麼結果時，我們同時不再考慮所有未知的力量，不再考慮這種力量產生的各種可能性。

其他交易者是未知的力量，他們根據自己對未來的信念，等著進場或出場。換句話說，我們其實不可能十分清楚市場會有什麼變化，除非我們能夠解讀可能影響價格波動的所有交易者的心理，但是我們根本不可能做到這一點。

交易者不能放任自己，沉迷在「我知道市場會有什麼變化」的想法中。我們可能十分「清楚」優勢的樣子、聲音或感覺；我們可能十分「清楚」我們需要冒多少風險，才能發現這種優勢是否有效；我們可能「清楚」自己有特殊的計畫，準備在交易成功時，打算怎麼獲利，但是一切都到此為止！如果我們認為我們知道的東西開始延伸，擴大到市場未來的行為，我們就會碰到問題，就會陷入帶有負面能量的狀況，「我知道市場會有什麼變化」的心態會影響信念、記憶或態度，促使我們用任何方式，解讀漲跌或任何市場資訊，就是不把資訊解讀為自主採取行動的機會。

名詞的定義

目標——賺錢當然是每一個人的最後目標，但是如果交易只是賺錢而已，看這本書就沒有必要。要完成一次或一系列獲利的交易，絕對不需要任何技巧。另一方面，創造長期一貫的成果、又能夠保住自己創造的成果，確實需要技巧。賺錢是學習和精通某種心智技巧的副產品，你對這一點有多了解，就有多少能力不再注意賺錢，而是注意怎麼把交易當成精通這些技巧的工具。

技巧——「持續一貫」是開放和客觀心態的結果，在這種心態下，我們在任何「當下時刻」，都能夠根據市場從本身觀點提供的資訊，認知和採取行動。

開放的心態——開放意謂著自信，卻不是欣喜若狂。你處在開放的心態時，不會覺得害怕、猶豫或覺得有做任何事情的衝動，因為你已經有效消除了把市場資訊定義與解讀為具有威脅性的可能。要消除威脅的感覺，你必須徹底接受風險；你接受風險時，會對任何結果淡然處之；要對任何結果淡然處之，你必須調和心中跟市場五種基本事實衝突的東西。此外，你也必須把這些事實整合到心智系統中，當成核心信念。

客觀性的意義——客觀性是一種心態，在這種情況中，你會刻意利用你所學到跟市場波動性質有關的一切。換句話說，你避免痛苦的機制不會阻止或改變任何事物。

隨時做好準備——隨時做好準備表示從你不必證明任何事物的觀點，進行交易。你不會設法獲利或避免虧損，不會撤出資金，不會對市場報復。換句話說，你入市時沒有任何預設立場，只是讓市場自由發展，同時保持最佳心態，以便辨認和利用市場提供的機會。

「當下」的意義——根據「當下」狀況交易，表示不會把進場、出場、加碼或減碼的機會，跟心中存在的經驗聯想在一起。

基本事實和技巧的關係

任何事情都可能發生。為什麼？因為任何時刻、任何市場中，總是有一些未知的力量在發揮影響力，只要世界任何地方的一位交易者，就可以抵消你的優勢形成的有利結果。就是這樣而已，只需要一位交易者。不管你花多少時間、精力或金錢在分析上，從市場觀點來看，這個事實沒有例外。你心中存在的任何例外會變成衝突的來源，可能促使你把市場資訊看成具有威脅性。

要賺錢不需要知道下一步會有什麼變化。為什麼？因為決定優勢的任何一套變數中，盈虧的分配都是隨機的。換句話說，根據你優勢的過去表現，你可能知道未來二十筆交易中，十二筆會賺錢，八筆會虧損。但是你不知道盈虧的分配，也不知道獲利的交易會賺多少錢。這個事實使交易變成機率或數字遊戲。你真正相信交易只是機率遊戲時，正確與錯誤或賺錢與虧錢的觀念不再具有相同的意義，因此，你的期望會和可能性協調一致。

請記住，期望不能滿足最容易造成情感上的煩惱。外在世界自我表達的方式不能反映我們的期望，或是不能反映我們認定的事實，我們的普遍反應是情感痛苦。因此，我們會自動把不符合期望的市場資訊，定義和解讀為具有威脅性。這種解讀會促使我們，採用帶有負面能量的防禦性心態應付，產生我們極力避免的經驗。

只有在你期望市場替你完成什麼事情時，市場資訊才具有威脅性。否則，如果你不期望市場證明你正確，你就沒有理由害怕犯錯。如果你不期望市場讓你獲利，你就沒有理由害怕虧損。如果你不期望市場一直照著你預期的方向發展，你就沒有理由不獲利。最後，如果你不期望能夠利用你所看到，或是市場展現出來的每一個機會，你就沒有理由害怕錯過機會。

另一方面，如果你相信你只需要知道下列事實：

1. 從事交易前，機率對你有利。
2. 要花多少成本，才能夠知道這筆交易是否能夠獲利。
3. 要賺錢不需要知道下一步會有什麼變化。
4. 任何事情都可能發生。

這麼說來，市場怎麼可能讓你犯錯？市場產生什麼資訊會引發你的避免痛苦機制，促使你把這種資訊從知覺中排除出去？我想不出有什麼資訊可能這樣。如果你相信任何事情都可能發生，也相信要賺錢不需要知道下一步會有什麼變化，那麼你就一直都正確無誤，你的期望會一直都符合市場從本身觀點所呈現的狀況，這樣就可以有效地抵消你經歷情感痛苦的可能性。

同理，如果你真的相信交易是機率或數字遊戲，一次交易虧損、甚至一系列的虧損，怎麼可能產生典型的負面效果？如果你的優勢使機率對你有利，那麼每次虧損都會使你更接近交易獲利。你真正相信這一點時，你對交易虧損的反應就不會再具有負面情感的特性。

以界定優勢的一組變數而言，獲利與虧損呈現隨機分配狀態。如果每一筆虧損都使你更接近獲利，你會期望看到自己的優勢再度出現，準備毫無保留、毫不猶豫地跳下去。另一方面，如果你仍然認為交易跟分析或判斷正確有關，那麼你虧損後，期望你的下一個優勢出現時，心理上會產生不安，會懷疑優勢是否能夠發揮作用。這樣會促使你開始收集有利或不利這筆交易的證據。如果你害怕錯過機會的心理，大於害怕虧損的心理，你會收集對交易有利的證據。如果你害怕虧損的心理，超過錯過機會的心理，你會收集不利這筆交易的資訊。不管是哪一種情形，你都不會處在最利於產生長期成果的心態中。

優勢只不過是顯示一種事情發生的機率高於另一種事情。要創造長期成就，你必須徹底接受交易跟希望或懷疑無關，跟收集兩方面的證據、以便判斷下一筆交易會不會成功也沒有關係。你需要收集的唯一證據是，你用來界定優勢的變數是否存在。你利用優勢範圍以外的「其他資訊」，決定是否從事交易時，就是在自己的交易系統中，增加隨機的變數。增加隨機變數會使你極為難以判定什麼有效、什麼沒有效。如果你根本不確定自己的優勢是否有效，你對這種優勢不會太有信心，你缺乏信心的程度多高，恐懼的程度就會有多大。諷刺的是，你會害怕隨機、不連貫的成果，不知道你隨機與不連貫的方法，正是產生你所害怕東西的原因。

另一方面，如果你相信優勢只是一種事情發生的機率高於另一種事情，而且任何一套界定優勢的變數中，虧損都呈現隨機分配狀態，那你為什麼還要收集贊成或反對一筆交易的「其他」證據？對根據這兩種信念操作的交易者來說，收集「其他」證據根本沒有道理。換句話說，收集「其他」證據，跟連續投擲錢幣十次都出現反面後，想要判定再投一次錢幣會不會出現正面一樣沒有道理。不論你收集了什麼證據，支持下一次會出現反面的機率還是高達五〇％。同理，不管你收集了多少證據，證明應不應該進行交易，還是只需要世界上任何地方一位交易者，就可以否定你這種證據的正確性。重點是為什麼要花精神這樣做！如果市場提供你合理的優勢，你就要判定風險，進行交易。

市場中的每一刻都具有獨一無二的性質。花一點時間，想一想獨一無二的觀念。「獨一無二」表示跟現在或過去存在的東西都不相同。就我們對獨一無二觀念的了解來說，我們的頭腦在實用層面上，不是很善於處理獨一無二的觀念。前面說過，頭腦天生就會在我們完全不知不覺當中，自動把外在環境存在的東西，跟存在我們記憶、信念或態度中的類似東西聯想在一起。這樣會在我們自然思考一切和一切自然呈現的方式之間，產生天生固有的矛盾。外在環境中沒有兩個時刻完全一模一樣，要完全一模一樣，某一刻的每一個原子或分子所處的位置，都必須跟前面某一個時刻的位置相同，這種情形不太可能存在。但是根據我們頭腦天生處理資訊的方式，我們會體驗到，「當下時刻」跟我們心中存在的某些前一刻完全相同。

如果每一刻都跟其他時刻不同，那麼在你的理性經驗中，就沒有任何東西可以肯定地告訴你，你「知道」下一步會有什麼變化。因此我要再說一遍，為什麼要徒勞無功、設法知道呢？你想要知道時，基本上是想要證明自己正確。我不是暗示你不可能正確預測市場的下一步走勢，因為你大致上確實可以正確預測，問題在於你會因此碰到所有的問題。如果你相信自己可以正確預測市場走勢一次，你自然會設法再度預測。因此，你的頭腦會自動開始掃描市場，尋找跟你上次正確預測市場波動時相同的型態、狀況或情勢。你找到這種東西時，頭腦會使這種情形變得似乎跟上一次的一切完全一模一樣。問題在於從市場觀點來說，兩者並不相同，因此你一定會失望。

最高明的交易者跟大家不同，他們已經把頭腦訓練成相信每一刻的獨一無二特性（不過訓練方式通常是承受很多筆虧損，才「真正」相信獨一無二特性的觀念）。這種信念成為反作用力，中和自動聯想的機制。你真正相信每一刻都獨一無二時，那麼根據定義，你心中不會有任何東西，讓聯想機制跟這一刻聯想在一起。這種信念會變成內心的力量，促使你把「當下」這一刻，跟儲存在心中過去的任何一刻脫鉤。你越相信每一刻獨一無二的特性，越不可能聯想，你越不可能聯想，心胸會越開放，會樂於從市場觀點，認知市場提供的東西。

走向「順境」

你完全接受市場的心理現實狀況後，同時會接受交易的風險。你接受交易的風險後，會消除用痛苦的方法定義市場資訊的可能。你不再用痛苦的方法定義和解讀市場資訊時，你的心裡就沒有什麼東西需要逃避、沒有什麼東西需要對抗。你不必對抗任何東西時，就會利用你所知道和市場波動本質有關的所有知識。你不會攔阻任何東西，意思是你會看出你客觀了解的所有可能性，因為你的心胸開放，接受真正的能量交換，你會相當自然地開始發現過去看不出來的其他可能性（優勢）。

要讓你的心胸開放，接受真正的能量交換，你不能處在知道或相信自己已經知道下一步會有什麼變化的心態中。你同意不知道下一步會有什麼變化時，就可以做好準備，讓市場根據本身的觀點，告訴你下一步會有什麼變化的角度，和市場互動。這時，你會處在最好的心態中，可以自發性地進入「順境」，利用「當下時刻的機會流程」。

第九章 信念的本質

如果你現在可以感覺到採用交易五大基本事實的好處，那麼你的責任就是學習怎麼把這些事實，正確地納入你的心智系統，作為核心理念，卻不跟你可能已經具有的其他理念衝突。

乍看之下，這樣做可能很難，在其他情況下，我會同意你的看法，但是這樣做其實不難，因為我會在第十一章，請你做一種簡單的交易練習，這種練習經過特別設計，目的是讓你正確地把這些事實變成實用階層的信念。實用階層的意義是在這種階層中，你會發現自己只是根據開放的心態自然操作，正確看出你需要做的事情，而且在毫不猶豫、毫無內心衝突的情況下做這種事情。

然而，我要警告已經看過這種練習的人。表面上，這種交易練習看起來極為簡單，以致於你可能在徹底了解這樣做的意義前，就想做這個練習。我強烈建議你重新考慮。在學習怎麼建立新信念，改變跟新信念衝突的既有信念過程中，涉及一些微妙而深奧的力量。了解交易練習本身很容易，了解怎麼利用這個練習改變信念，卻截然不同。如果你不了解本章和下一章所說的觀念，就做這個練習，你將不會得到你希望得到的結果。

還有一點很重要，就是不管你對這些成功的原則多了解，你都不能理所當然地認為自己需要花多少心力，才能訓練頭腦完全接受這些原則。還記得交易員鮑勃嗎？他認為自己徹底了解機率的觀念，卻沒有能力從機率觀點實際運作。

很多人誤以為一旦了解什麼東西後，隨之而來的新見解會自動成為本身認同中實用的部分，在大部分的情況下，了解一種觀念只是把這種觀念，整合到實用階層的第一步。根據機率思考有關的觀念尤其如此。我們的頭腦並沒有天生生成保持「客觀」，也不會維持在「當下時刻」的狀態，這點表示，我們必須積極訓練自己的頭腦，根據這種角度思考。

除了有關的訓練之外，可能還有一些對立的信念需要解決。對立信念會破壞你根據客觀心態運作，或體驗「當下機會流程」的最佳意圖。例如，假設你花了很多年時間學習怎麼解讀市場，或是花了大量金錢發展或購買技術系統，以便發現下一步會有什麼變化。現在你了解自己不必知道下一步會有什麼變化，連設法去了解，都會拖累你保持客觀，或停留在某一時刻的能力。我們碰到的直接衝突，是你認為成功必須知道下一步會有什麼變化的舊觀念，和你了解自己不需要知道的新觀念之間的衝突。

請問你的新觀念會突然抵消你為了強化自己「需要知道」信念，所花費的所有時間、金錢和精力嗎？我希望實際情形是這麼簡單，而且對某些幸運的人來說，情形可能就是這麼容易。如果你回想第四章，想到我談到跟軟體碼有關的心理距離，我說某些交易者可能已經極為接近這種新觀點，只需要把一些缺少的部分放進去，就能產生改變心理的「頓悟」經驗。

然而，根據我跟遠超過一千位交易者合作的經驗來看，我可以說，大部分人和這種觀點一點也不接近，可能需要花很多心力、很多時間，才能把跟交易有關的新觀念，正確整合到心裡。幸好我在第十一章列出的練習最後會協助你，建立五種基本事實，解決很多潛在的衝突，但前提是你必須十分清楚自己的所作所為，也十分清楚自己為什麼要這樣做。這點正是本章和下一章的主題。

信念的起源

我們從信念的本質中可以學到什麼？我們怎麼利用這種知識，產生有助於培養我們希望成為長期成功交易者的心態？這兩個問題是我在本章中要解答的問題。

我們首先說明信念的起源，你大概還記得，記憶、特性和信念是以能量的形式存在——說得更明白一點，是以結構性能量的形式存在。我先前把這三種心智因素合在一起以說明：

1. 記憶、特性和信念不是以有形物質的形式存在。
2. 我們和外在環境之間的因果關係導致了記憶、特性和信念的存在。
3. 因果關係如何逆轉，使我們可以看到外在環境中我們知道的東西。

為了了解信念的起源，我們必須把這些因素分開，以便說明記憶與信念的差別。要這樣做，最好的方法是假設我們處在嬰兒的心智狀態中。我認為，小孩開始人生之旅時，經驗的記憶是以最純粹的方式存在。我這樣說，意思是小孩看到、聽到、聞到、摸到或嚐到東西的記憶，是以純粹意識資訊的方式存在腦中，沒有經過組織，也不跟任何特定的文字或觀念發生關係。因此，我要把純粹的記憶定義為以原始形式儲存的意識資訊。

另一方面，信念是跟外在環境自我表現方式本質有關的觀念。觀念結合了純粹的意識資訊和我們稱為語言的符號系統。例如，大部分嬰兒都有一種純粹的記憶，記得父母親的慈愛照顧是什麼感覺，但是要到嬰兒學到把某些文字，跟儲存在記憶中的純粹意識資訊連結或聯想在一起，才會形成被人慈愛照顧是什麼感覺的觀念。

「生命很美好」這句話是一種觀念，是抽象符號毫無意義的組合。但是如果小孩學到或認定把這些文字，跟他受到照顧的積極能量感覺結合在一起，那麼這些文字就不再是抽象符號的組合，這句話也不再是抽象的句子。「生命很美好」變成了跟生存本質或世界運作方式有關的明確認知。同理，如果小孩沒有得到所需要的足夠照顧，他可能很容易把情感痛苦的感覺，跟「生命很不公平」或「世界很糟糕」之類的觀念，聯想在一起。

總之，我們記憶或經驗中的正面或負面能量，跟我們稱為觀念的一組文字連結在一起時，這種觀念會變成具有能量，因此會變成跟現實本質有關的信念。如果你認為觀念是因為語言架構的關係，才具有結構，是因為我們經驗的關係，才具有能量，那麼你就可以清楚了解我為什麼把信念，定義為「結構性能量」。

信念出現後，有什麼作用？有什麼功能？問這種問題多少有點荒唐，畢竟我們全都有信念，我們不斷地透過語言和行動，表達我們的信念。此外，我們不斷地跟別人表達出來的信念互動。但是，如果我問「信念到底會做什麼？」你大概會覺得茫然，不知道怎麼回答。

另一方面，如果我問你，眼睛、耳朵、鼻子或牙齒有什麼功能，你回答起來應該毫無問題。然而信念對我們生活品質的影響而言，是我們身心結構中至為重要的一環，大家卻最不常思考、最不了解，這當然是人生中最大的諷刺之一。

我說「最不常思考」時，意思是如果我們身體的某個部分出了問題，我們自然會注意這個部分，考慮需要怎麼做，才能解決問題。然而，我們的生活品質出問題時，例如，不快樂、失望或某個環節不成功時，我們卻不見得會想到原因出在我們的信念。

不考慮信念是普遍的現象，信念最明顯的特徵似乎是會使我們經歷到的東西，變成不證自明、毫無疑問。事實上，要不是你這麼急於追求長期交易獲利，你也不太可能探討這個問題。大家通常要經歷多年極度的挫折後，才會開始了解信念是問題的來源。

然而，雖然信念是我們認同中密不可分的一環，你並不需要自己去分析。想一想我們天生都沒有任何信念，都是透過各種方法得到的很多信念對我們的生活有著最深遠的影響，卻不是我們透過自由意志學到的，是別人灌輸給我們的。最困擾我們的信念通常是我們在無意識狀況下，向別人學到的信念，大家應該對這點不會覺得訝異，我指的是當我們年輕、不懂事時，不知道學到的東西有什麼負面影響時學到的信念。

不管信念的來源是什麼，信念一出現，大致上就用同樣的方式發揮作用。信念發揮作用的方法有一些明確的特徵，跟我們身體的各個部分不同。例如，你如果比較你我的眼睛、手或紅血球，我們可以看出彼此之間不完全相同，卻具有共同的特徵，使這些部分用相同的方式發揮作用。同理，「生活很美好」會像「生活很糟糕」的信念一樣，用同樣的方式發揮作用。這兩種信念不同，對抱持這兩種信念的人生活品質的影響，會大大的不同，但是兩種信念的作用方式完全相同。

信念對人生的影響

從最廣泛的角度來看，信念會塑造我們體驗生活的方式。我說過，我們生下來時，沒有任何信念，信念是學習和累積來的，我們的生活方式反映我們學到的信念。想一想，如果你出生在跟實際出生環境大不相同的文化、宗教或政治體系中，你的生活會有多大的不同。這種事情可能難以想像，但是你學到跟生活本質有關的信念，以及事情應該如何運作的信念，可能沒有多少相似之處，但是你相信這種信念的程度，會跟你相信現有信念的程度一樣堅決。

信念如何塑造我們的生活

1. 信念管理我們的認知，以符合我們所相信的事物的方式，解讀環境資訊。
2. 信念會產生期望。請記住，期望是投射在未來某一時刻的信念。因為我們不能期望我們不知道的東西，我們也可以說，期望是我們所知道的東西投射在未來某一時刻。
3. 我們決定做的事情、我們表現出來的行為，都符合我們的信念。
4. 最後，我們的信念會影響我們對自己行動結果的觀感。

信念對我們的大部分行為都有重大影響，因此我打算舉出我在第一本著作《紀律的交易者》中的例子，說明信念的各種功能。

一九八七年春季，我看過本地製作的電視節目「賺到芝加哥」，節目中會找本地名人互相惡作劇、開玩笑。有一次，電視台在節目的某一個片段中，請了一個人舉著牌子，牌子上寫著「白白送錢，只限今天！」站在密西根大道的人行道上（密西根大道是芝加哥很多著名高級百貨公司與精品店的所在地），電視台給這個人相當多的現金，交代他只要有人跟他要錢，就送錢給對方。

你想一想，密西根大道是芝加哥最熱鬧的地方，我們假設走過這個人身邊的大部分人都可以看到牌子，你想有多少人會接受他的建議，跟他要錢？所有走過去、看到牌子的人，只有一個人停下來說：「太好了！可以給我兩毛五分坐巴士嗎？」此外，沒有半個人走近這個人的身邊。

最後這個人變得很煩惱，因為大家的反應不如他的預期，他開始大叫：「你們要錢嗎？趕快來拿，我要送出去。」大家只是走過他身邊，好像他不存在一樣。事實上，我注意到好多個人為了避開他，刻意繞路走過去。一位穿著西裝、提著手提箱的人走近時，他走上去說：「你要一點錢嗎？」這個人回答說：「今天不要。」送錢的人真的火大了，回答說：「這種事多少天才會發生一次？請你把這些錢拿走好嗎？」他想塞一些錢給這位男士，這個人簡潔地回答了：「不要。」然後就走開了。

這到底是怎麼回事？為什麼除了需要轉乘巴士的人之外，沒有人跟他要錢？如果我們假設大多數或全部路人都看到牌子，卻仍然不設法要錢，這種行為可能的原因是他們根本不愛錢，但是考慮到我們一生中，花多少精神去追逐金錢，這一點又極為不可能。

如果我們同意大家都可以看到牌子，錢又對大多數人很重要，那麼是什麼原因，阻止大家要錢？有人無條件地送錢，這種事情是大多數人樂於碰到的經驗。但是每個人走過去，卻不理會等著要送給他們的錢。他們一定不是沒有看到當時的情形，因為牌子清楚地寫著「白白送錢，只限今天！」但是如果你想到，大部分人都有「天下沒有白白送錢」的信念（世界應該怎麼運作的有力觀念），這種情形就不難想像。

如果天下真的沒有白白送錢的道理，那麼大家怎麼調和這種信念和牌子上文字間的明顯衝突？很簡單，就是認定舉牌子的人瘋了；除此之外還有什麼原因，可以解釋這種怪異的行為？消除矛盾的推理過程可能像下面這樣：「大家都知道，很少有無條件可以拿到錢的道理，市區最熱鬧的街道上，陌生人這樣送錢更是罕見。事實上，如果這個人真的是送錢給別人，應該早就被人包圍住了，甚至可能危害他的生命。他一定是瘋了，我最好遠遠地繞開他，誰知道他會做什麼事情？」

請注意，這種思考過程中描述的每一點，都符合沒有人白白送錢的信念。

1. 大家從環境的觀點，不會認知或解讀牌子上「白白送錢」的真正意思。
2. 認定舉牌子的人一定是瘋了，會讓人產生危險的預期，至少會讓人產生應該小心的認知。
3. 刻意繞路避開舉牌子的人，符合危險的預期。
4. 每一個人對結果的感覺如何？因為不認識每一個人，這個問題不容易回答，但大致上可以推測大家避免跟瘋子接觸後，應該會覺得很安心。

因為避免接觸而產生的安心感覺是一種心態。請記住，我們的感覺（在我們身心上下流動的正面或負面能量的相對程度）總是絕對的事實。但是和從環境觀點提供的可能性相比，因為特定心態而產生的信念可能不是事實。

避免衝突的安心感覺可能不是這種情況唯一可能的結果。想像如果大家相信「不勞而獲的錢確實存在」，情況會有多大的不同。上述程序應該相同，唯一不同的是，這種程序會使「不勞而獲的錢確實存在」的信念，變得似乎不證自明、毫無疑問，就像這種程序使「不勞而獲的錢並不存在」的信念似乎變得不證自明、毫無疑問一樣。

那位說「太好了，可以給我兩毛五分坐巴士嗎？」的人，是絕佳的例子。我看到這一景時，印象中覺得這個人很可能是乞丐，才會隨便向人要兩毛五分錢，乞丐確實相信不勞而獲得到的錢確實存在，因此他對牌子的認知和解讀，正好符合電視台的需要，他的期望和行為符合他認為不勞而獲的錢確實存在的信念。他對結果有什麼感覺？他拿到了兩毛五，因此我認為他會覺得滿足。當然，他不知道他原本可以得到更多的錢。

這種情況另有一種可能的結果，我們假設有一個人相信「不勞而獲的錢不存在」，卻採取「這樣做會有什麼結果」的對策，應付這種狀況。換句話說，或許有人對這種可能性極感興趣，極為好奇，決定暫時收起「不勞而獲的錢不存在」的信念，進而脫離信念所產生的界限，看看會有什麼結果。因此他不是不理會舉牌的男人，而是走上前去說：「給我十美元。」那個人立刻從口袋裡掏出十美元的鈔票給他。現在會有什麼結果？他碰到跟自己信念徹底相反的意外結果，會有什麼感覺？

對大部分人來說，不勞而獲的錢不存在的信念，是透過不愉快的情況學習到的。最常見的方式是別人告訴我們，我們不能擁有某種東西，因為這種東西太貴。一般小孩聽過多少次「你以為自己是什麼人？錢可不是長在樹上的。」換句話說，這種信念很可能帶有負面能量，因此別人無條件地把錢交給他，又不說難聽話的經驗，可能會產生十分高興的感覺。

事實上，大部分人會非常快樂，會迫不及待地把快樂和這種新發現，跟認識的每一個人分享。我可以想像到，他回到辦公室或回家後，或是碰到認識的人時，第一句話一定是：「你絕對不會相信我今天碰到的事情」。雖然他十分希望他碰到的人相信他的話，但是大家很可能不會相信，為什麼？因為他們認為不勞而獲的錢不存在的信念，會促使他們否定這種事情的真實性。

我們把這個例子進一步推衍，想像如果他想到原本可以多要一些錢時，心情會有什麼變化。他心裡十分高興，但是，他想到這一點，或是聽他說這件事的人告訴他，他應該可以多要一點錢時，他的心情會立刻變成帶有負面能量的後悔或失望，為什麼？他會想到帶有負面能量的想法，想到錯過了好事，或是沒有拿到更多的錢，因此，他對自己得到的東西不滿意，會後悔沒有得到原本可以得到的東西。

信念與事實

上面三個例子中（包括假設的例子），每個人都體驗到獨一無二的狀況，如果請他們從個人的觀點，說明自己的經驗，好像每個人的說法都是唯一正確的狀況一樣。在我看來，三種事實描述之間的矛盾，代表有待解決的哲學大問題。如果信念限制我們對實體環境產生資訊的認知，讓我們的認知符合我們的信念，那麼我們怎麼知道事實是什麼？

要回答這個問題，我們必須考慮下列四種觀念：

1. 環境可以用無數的方式自我表達，你把所有和人為事物互動的自然力量加在一起，再加上人可能自我表達的所有方式，結果是無數版本的事實，多到連心胸最開放的人都無法承受。

2. 除非我們有能力認知環境自我表達的每一種方式，否則我們的信念對環境的反應總是有局限的，我們的信念能反應現實，卻不見得是現實的確定陳述。

3. 如果你不相信第2點，那麼請你考慮一下，如果我們的信念正確無誤，百分之百精確反應實際狀況，那麼我們的期望應該總是都能滿足。如果我們的期望總是能夠滿足，我們應該處在永遠滿足的狀態中。如果實際狀況始終和我們的期望一樣，我們除了感覺快樂、欣喜、歡欣、絕對幸福的感覺之外，還有什麼別的感覺？

4. 如果你認為第3點正確無誤，那麼附帶的說法也應該正確無誤。如果我們不覺得滿足，那麼我們運作時所根據的信念，一定跟環境條件不很搭配。

考慮這四點後，我現在可以回答「什麼是事實」的問題。答案是有用的東西就是事實。如果信念對我們認為可能的東西加上限制，環境又可以用無數的方式自我表達，信念只有在跟我們隨時希望達成的目標相比時，才可能正確無誤。換句話說，我們可以用信念的有用程度，衡量信念的相對正確程度。

我們每個人都擁有從內心發出的力量，例如好奇心、需要、希望、欲望、目標和渴望，這些力量會強迫我們、激勵我們，和實體環境互動。我們用來達成好奇心、需要、希望、欲望、目標或渴望等目的的各種手段，都是我們在任何情況中認為正確無誤信念的作用。不管這種事實是什麼，都會決定下列事項：

1. 在環境從本身觀點傳達的資訊中，看出可能性。
2. 我們如何解讀我們看到的東西。
3. 我們所做的決定。
4. 我們對結果的期望。
5. 我們採取的行動。

6. 我們對努力的結果有什麼感覺。

如果我們在任何時候，跟我們希望達成的目標相比，覺得自己處在滿足、快樂或幸福的狀態中，那麼我們可以說我們的事實（意思是我們運作時所依據的信念）確實有用，因為上述程序能夠有效運作。我們認知的東西不但符合我們的目標，也符合環境從本身觀點傳達的資訊，我們對這種資訊的解讀，形成符合環境狀態和情勢的決定、期望和行動。我們對環境或內心傳達的東西不會抗拒，也沒有反作用力，不會抵消我們試圖達成的結果。因此，我們發現自己處在滿足、快樂和幸福的狀態中。

另一方面，如果我們發現自己處在不滿意、失望、挫折、困擾、絕望、後悔或毫無希望的狀態中，我們可以說跟環境狀況與情勢相比，我們運作時所依據的信念不太行得通，或是根本行不通，因此沒有用。簡單地說，事實是我們希望達成目標時有用手段的作用。

第十章
信念對交易的影響

如果外在環境可以用無數的方式自我表達，那麼我們就需要學習無數和我們存在本質有關的信念。這樣是用複雜的方式，說明我們需要學的東西很多。但是，我要說，為了全面觀察人性本質，我們不能用符合上述說法的方式過日子。如果說，「任何事情幾乎都可以接受」的說法正確，那麼，為什麼人與人之間總有爭執？為什麼我們傳達自己的信念，表達我們的立場時，總會有問題？

我們拚命想說服別人，接受我們的信念正確，並拒絕別人的信念，背後一定有什麼原因。想一想，從最小到最大的衝突、從最沒有意義到最有意義的衝突，不管是個人、文化、社會或國家之間的衝突，每一種衝突總是信念不合的結果。我們的信念中有什麼特質，使我們無法容忍不同的信念？有時候，我們不能忍受的程度到了兵戎相向的地步，以便宣揚我們的信念。

我認為信念不止是結構性的能量，似乎也是有意識的能量，具有某種程度的知覺。否則的話，我們怎麼說明我們有能力從外在看出內在的情況？我們怎麼知道自己的期望是否滿足？怎麼知道什麼時候無法滿足？我們如何知道自己面對和我們的信念衝突的資訊或情勢？我唯一的解釋是個別信念一定有某種知覺或自我感知的特性，這種特性促使信念自然發揮作用。

很多人可能無法接受能量具有某種程度感知能力的概念，但是我們可以看到我們個別和集體的本質中，有不少證據支持這種可能性。首先，每一個人都希望別人相信他們，不管信念是什麼，被人相信的感覺很好。我認為，這種好感覺具有共通性，適用於每一個人。相反的，沒有人會喜歡被人懷疑，這種感覺不好。如果我說：「我不相信你」，在你身心上下激盪的不好感覺也具有共通性。同理，沒有一個人喜歡自己的信念遭到挑戰，挑戰給人的感覺就像是攻擊。不管信念是什麼，每一個人的反應似乎都相同：標準的反應是為自己和信念爭辯和辯護，而且視情況而定，有時甚至會想要反擊。

當我們表達自己時，總希望別人注意聽。如果我們察覺到聽眾不注意，我們會有什麼感覺？感覺當然不好！我認為這種反應同樣具有共通性。而傾聽有那麼難嗎？要變成善於傾聽的人，我們實際上必須認真地聽。不考慮我們可以客氣或不客氣打斷別人的談話時，會用什麼方式表達我們的主張？我們不能注意傾聽，急於打斷別人的談話，背後的主要原因是什麼？

我們喜不喜歡跟信念相同，讓我們覺得舒服和安全的人在一起？我們會不會避開信念不同或信念衝突，讓我們覺得不舒服，甚至覺得受到威脅的人？這裡的意涵是：我們一接觸到某種信念，這種信念似乎就有了生命，會促使我們接受類似的信念，受到類似信念的牽引，排除相反或衝突的信念。想一想世界上彼此相左的信念有多少，如果你對許多的信念曾感到舒坦或厭惡，感受到吸引或是威脅，那麼信念就是一種大家都能感受得到的意識形態。

信念的基本特性

要在你的心中，有效地建立五種實用的交易基本事實，你必須了解下列三種基本特性：

1. 信念似乎會產生自己的能量，因此，會抗拒改變信念現狀的任何力量。
2. 所有積極的信念都會要求表現。
3. 不管我們是否意識到信念存在我們心中，信念都會不斷地發揮作用。

信念會抗拒所有意圖改變信念現狀的任何力量。我們可能不了解信念怎麼維持本身結構的完整，但是我們可以觀察到，即使面對極端的壓力或力量，信念仍然可以維持結構完整。人類歷史中，有很多人極為堅決相信某種理念或志業，甚至願意忍受侮辱、折磨和死亡，也不願意用違反本身信念的方式自我表達。這點足以顯示信念的力量多大，多善於對抗改變或稍稍違反信念的任何意圖。

信念似乎由某種能量或力量構成，天生具有抗拒意圖改變這種信念現狀的任何其他力量。這點是否表示信念不能改變？絕對不是！只是表示我們必須了解怎麼跟信念合作。信念可以改變，但是改變方式和大部分人想像的不同。我認為信念一旦形成，就無法摧毀，換句話說，我們無法使信念消失，或是像從來不存在一樣蒸發。這種說法是根據物理學的基本原則，根據愛因斯坦和其他科學家的說法「能量既不能創造也不能摧毀，只能改變形狀。」如果信念是能量，是有意識、知道本身存在的結構性能量，那麼同樣的物理原則也適用在信念上，也就是說，我們無法摧毀信念。

如果你知道什麼人或什麼事物想要毀滅你，你會怎麼反應？你會自衛、反擊，甚至可能變得比你遭到威脅前還堅強。我們認為每種信念都是自我認同的一環，因此，如果說每種個別信念遭到威脅時，會配合所有環節的集體反應方式因應威脅，應該相當合理。

如果我們假裝一個糟糕的信念不存在，也是一樣的情形。如果某天早上你醒來，發現所有你認識的人都不理你，所作所為好像你不存在一樣，你會有什麼反應？你很可能很快就會抓住一個人，逼視對方的臉孔，設法強迫他承認你的存在。每一種個別信念如果遭到刻意漠視，也會用同樣的方式採取行動，會設法強迫我們的意識思想過程或行為，承認這種信念的存在。

和對立的信念合作最容易、最有效的方法，是抽走信念的能量，使信念失去活力或不能發生作用。我把這種過程叫作消除活力法。信念的活力消失後，原始構造仍然不變，因此表面上信念並沒有改變，不同的是，信念不再具有任何能量，不再能夠影響我們對資訊的認知，也不再能夠影響我們的行為。

下面是我個人的例子：小時候，大人教我要相信聖誕老人和牙齒仙子。現在在我的心智系統中，這兩位神仙都是失去活力、不能發生作用信念的最好例子。然而，這兩種信念雖然失去活力，卻仍然存在我的心智系統中，只是變成了沒有能量的觀念。如果你回想上一章，就會記得我把觀念定義為綜合感覺經驗和文字，具有能量。能量可以從觀念中抽出來，但是觀念本身安然無恙，仍然維持原有的形式。然而，觀念失去能量後，不再有能力影響我對資訊的認知，也不再能夠影響我的行為。

因此，現在我坐在電腦前打字，要是有人走過來，告訴我聖誕老人站在門外，你認為我會怎麼定義和解讀這個資訊？我當然會把這個消息當成無關緊要的事情或笑話。然而，如果我只有五歲大，家母告訴我，聖誕老人來到前門，她的話應該立刻會讓我發揮極大的正面能量，促使我跳起來，用最快的速度向前門跑去，沒有什麼東西能夠攔阻我，我會克服路上的任何障礙。

後來當父母親告訴我聖誕老人不存在時，我的第一個反應當然是不相信，我不相信他們，也不想相信他們。最後他們說服了我，然而說服我的過程沒有摧毀我對聖誕老人的信念，也沒有使這種信念消失，只是把這種信念的能量完全抽走。這種信念鈍化、成沒有作用的觀念，就如同世界是怎麼運作的。我不知道所有的能量哪裡去了，卻知道一部分能量轉變成相信聖誕老人不存在的信念。現在我的心智系統中，有兩種互相對立的觀念，一種是聖誕老人存在，另一種是聖誕老人不存在。兩者的差別是其中所含有的能量，第一種信念幾乎沒有能量，第二種信念具有能量，因此從實用觀點來看，兩者之間沒有衝突或對立。

我認為，既然能夠把信念鈍化，就能消除信念的活力，雖然所有信念似乎都能夠對抗改變信念現狀的力量。有效改變信念的祕密是了解，進而相信我們其實不是改變信念，只是把一種觀念的能量，移轉到另一種觀念中，移轉到我們發現更能夠幫助我們滿足期望，或達成目標的觀念中。

所有積極的信念都會要求表現。信念基本上可以分為活躍與不活躍兩大類，兩者的差別很簡單，活躍的信念具有能量，具有足夠的能量，可以影響我們對資訊的認知和我們的行為。不活躍的信念正好相反，只是信念而已，不再具有能量，或是具有的能量極少，不再能夠影響我們對資訊的認知或自我表達的方式。

我說所有活躍信念需要表達時，不是暗示我們心裡的每一種信念都同時要求自我表達。例如，我請你想一想今天世界有什麼問題，「問題」這個字眼會使你想到你心中認為世界有問題或很亂的想法，當然，除非你覺得世界沒有什麼問題，那就另當別論。其中的意義是，如果你認為有什麼事情不對勁，你在我問你之前，不見得會想到這種想法，但是我一問你，你對這些事情的信念立刻會移動到你有意識思考程序的前面，要求你注意。

我說信念「要求」表達出來，是因為一旦某種事情促使我們想到我們的信念，看來我們似乎無法阻止這種信念釋出的能量。這點在情感敏感的問題或我們特別熱衷的信念上尤其如此。你可能會問「我為什麼想壓制自己表達信念？」原因可能有好幾種。想一想你和職場中的上級互動，上級說了一些你完全不同意的話，或是說了一些你覺得荒謬之至的話，你會說實話還是壓抑自己？答案要看你對這種場合中怎麼做才正確的信念而定，如果你的信念顯示說實話不適當，這種信念的能量又比對立的信念強，那麼你很可能會壓抑自己，不跟上司公開爭論。

你可能看著上司，點頭表示同意，但是你心裡同意嗎？說得更明白一點，你心裡完全沒有動靜嗎？絕對不是！你在這些問題上的立場，有效地抵消了上級所說的每一點。換句話說，你的信念仍然要求表現，卻沒有表現在外，沒有表現在環境中，因為其他信念發揮了反作用力的功能。然而，你的信念很快會設法表達出來，你一脫離這種狀況，很可能就會設法「發洩」，甚至說出你的主張。你很可能會對同情你的人，說明你不得不忍受的狀況。這是我們的信念和外在環境衝突時，要求表達出來的方式之一。

但是如果我們的信念當中，有一種以上的信念和我們的意圖、目標、夢想、需要或希望衝突時，會有什麼結果？這種衝突的含義對我們的交易可能有深遠的影響。我們已經知道，信念會造成外在環境自我表達方式的差異，根據定義，差異的意義就是界限。另一方面，人的意識似乎比所學到的信念加總起來還大，人類意識這種「更大」的特質，讓我們可以從我們所選擇的任何方向、從信念規定的界限內部或外部思考。從信念範圍之外思考，通常叫做創造性思考。我們刻意選擇質疑一種信念，也就是質疑我們所知道的東西，而且誠心誠意希望找到答案時，就會開放自己的頭腦，準備接受「傑出的構想」、「靈感」或近在手邊的解決之道。

根據定義，創造是產生以前不存在的東西，我們的頭腦進入創造性思考模式時，我們會自動接受理性頭腦中既有信念，或記憶以外的任何構想或想法。就我所知，藝術家、發明家、宗教界或科學界對於創意產生的資訊到底從何而來，沒有一致的看法。然而，我知道創造力似乎沒有限制、沒有界限。

如果說我們的思考方式有任何限制，而我們到現在還沒有發現這種限制。想一想光是過去五十年內驚人的科技發展速度，人類進化中的每一種發明或發展，都是由樂於在信念範圍之外思考的人想出來的。

我相信所有的人天生都具有創造性思考的能力，也可能碰到我所說的「創造性經驗」。我把創造性經驗定義為在信念範圍以外體驗到的任何新事物。這種經驗可能是新的景色，是我們從來沒有看過，但是從環境觀點來看總是存在的東西。我們也可能體驗到新的聲音、氣味、口味或觸覺。創造新思想、靈感、第六感和傑出構想之類的創造性經驗，可能突然發生，也可能是我們刻意引導出來的結果。不管是什麼情形，我們體驗到這種經驗時，可能在心裡碰到重大的兩難。不管創造性的情況是用思想或經驗的方式表達出來，都可能使我們深受吸引，或是促使我們希望得到跟我們的信念直接衝突的東西。

要說明這一點，我們可以回想小男孩和狗的故事，小男孩跟狗之間，有幾次痛苦的經驗，從環境的觀點來看，第一次經驗是真實的經驗，然而，其他經驗是他頭腦根據聯想和逃避痛苦機制處理資訊的結果。最後的結果是他每次碰到狗時都會覺得恐懼。我們假設小男孩第一次碰到這種帶有負面能量的經驗時，只有兩、三歲，他成長時，會開始把特定的文字和觀念，跟自己的記憶聯想在一起，形成跟狗本性有關的信念。我們可以合理的假設：他會形成「所有的狗都很危險」的信念。

因為小男孩的信念中有「所有的」這個字眼，因此在結構上，他一定會避開所有的狗，他沒有理由質疑這種信念，因為每一次經驗都證實和強化這種信念的正確性。然而，他和世界上的每一個人一樣，都可能產生創造性經驗，在正常情況下，小男孩會盡一切力量，確保自己不再碰到狗，但是如果碰到無意和無心的情況時怎麼辦？

假設小男孩跟父母親一起散步，因此覺得安全，覺得父母親會保護他。再假設他和父母親走到死角，看不到另一邊的情形，然後他們看到幾個跟他年齡相仿的小孩跟幾隻狗一起玩，顯然還非常快樂的樣子。這種情形是創造性的經驗，小男孩面對無可置疑的資訊，面對他心中跟狗本質有關的信念相矛盾的資訊，他現在會怎麼辦？

首先，這種經驗不是小男孩刻意引導出來的，他沒有決定要接觸跟他信念衝突的資訊。我們可以把這種情形叫做偶發的創造性經驗，因為外在環境迫使他面對他不相信的其他可能性。第二，看到其他小孩跟狗一起玩、又沒有受傷的經驗，會使他的頭腦陷入混亂狀態中，混亂結束後，也就是他開始接受並非所有的狗都很危險的可能性後，可能出現好幾種情況。

看到年齡相仿、他可能強烈認同的孩子跟狗一起玩，非常快樂，可能使小男孩認定自己希望像其他小孩一樣，也跟狗一起玩。如果是這樣，這次偶發的創造性經驗會促使他受到吸引，用他過去認為不可能的方式，也就是跟狗互動的方式，表達自己。事實上，這種想法太不可能了，他以前是不會這麼想的。現在，他不但想，還非常希望這樣做。

他能夠如願地表達自己嗎？答案要看能量的力量而定。小男孩心裡有兩種直接衝突、爭著要表現出來的力量，一種是他認為「所有的狗都很危險」的信念，一種是「他希望像其他小孩一樣跟狗玩得很快樂」。下次他碰到狗時會怎麼做，要看他的信念或願望中哪一種擁有比較多能量而定。

因為他心中「所有的狗都很危險」的信念能量強大，我們可以合理地假設，他信念中的能量會遠超過願望。如果是這樣，那麼他會發現他下次碰到狗時會很困擾。雖然他可能想摸摸狗或抱抱狗，他會發現自己不能用任何方式跟狗互動。他信念中「所有的狗」會發揮讓他癱瘓的力量，阻止他實現願望。他可能很清楚他想抱的狗不危險，不會傷害他，但是除非他能夠把能量的平衡，調整到對他的願望有利，否則他還是沒有辦法親近狗。

如果小男孩真的想跟狗互動，他必須克服恐懼，這點表示他必須消除所有的狗都很危險的信念力量，才能正確建立比較符合他心中願望、跟狗有關的信念。我們知道狗可以用很多方式自我表現，包括表現出可愛、溫柔、惡劣和兇狠。然而，從百分比來看，惡劣和兇狠的狗很少。因此適於這個小男孩建立的新信念，應該像是「大部分的狗都很友善，但是有些狗可能惡劣、兇狠。」這個信念會讓他學習怎麼分辨狗的特性和行為型態，讓他知道可以跟哪些狗一起玩，應該避開哪些狗。

然而，還有一個比較大的問題存在，就是小男孩要用什麼方式，消除「所有的狗都很危險」信念中「所有」的力量，好克服恐懼？請記住，所有信念天生都有力量，會抗拒改變信念現狀，但是前面我說過，正確的方法是不要嘗試改變信念，而是把信念中的能量抽出來，轉移到更適合我們目的的另一個信念中。要消除「所有」的這個字眼所代表的觀念，小男孩必須創造出跟狗互動、帶有正面能量的經驗，經過一段時間後，他必須超越恐懼，摸摸小狗。

小男孩可能需要花很多時間和很多精神，才能這樣做。在這種過程的初期，他對狗的新認知可能不夠強，只能讓他遠遠地看著狗，不會逃避。然而，每次他跟狗接觸，即使接觸時保持距離，都沒有產生負面的結果，這種經驗會從他認定「所有狗都很危險」的信念中，抽出更多的負面能量。最後，每次新的正面經驗會讓他一點、一滴地，把自己和狗之間的距離拉近，最後變成敢實際去摸狗。從能量力量的觀點來看，他希望摸狗的願望力量，超過所有的狗都很危險的信念力量時，他就敢去摸狗。他實際去摸狗時，這種行動會把「所有」觀念中殘存的大部分負面能量有效抽走，轉移到反映他新經驗的信念中。

有人會用不同的理由刺激自己，鼓起勇氣，刻意經歷上述過程，不過這種情形可能很罕見，且他們的意識中，可能不十分清楚其中有關的力量。兒童時期經歷過如此嚴重驚嚇的人，通常要花好幾年的時間，才能消除這種恐懼（除非他們得到真正專家的協助）。他們長大成人後，如果問他們，或是他們正好碰到讓他們想起過去經驗的狀況，例如，看到被狗嚇壞了的小孩，他們說明自己經歷的過程時，通常會說：「我記得我以前怕狗，但我克服了這種恐懼。」

第一種情況的最後結果是：小男孩靠著壓抑怕狗的天性來控制信念、克服恐懼，將原本不可能與狗和樂相處的情況全然改變。

小男孩和狗偶然間的創造性經驗可能產生第二種狀況，就是他壓根不喜歡跟狗一起玩。換句話說，他根本不喜歡像其他小孩一樣喜歡跟狗玩。在這種情況中，他認為所有的狗都很危險的信念，和他新近了解並非所有的狗都很危險的新認知，會在心中同時存在，成為相互矛盾對立的觀念。這種情形正是我所說的矛盾例子，也就是兩種有力的信念相互衝突，都要求表現出來。在這個例子中，第一種信念深藏在孩子的心中，擁有強大的負面能量，第二種信念則存於比較表層，具有一點點正面能量。

這種情況的力量很有趣，也極為重要。我們說過，信念會控制我們對資訊的認知，在正常情況下，小男孩應該不可能跟狗互動，但是看到其他小孩跟狗遊戲的經驗，在他的心中產生了具有正面能量的觀念，使他開始了解並非所有的狗都很危險，有些狗可能很友善。然而，他沒有採取任何行動，消除「所有的狗都很危險」信念中「所有」的力量。就我所知，信念沒有消除本身力量的能力，因此，信念開始產生後，會一直存在我們的心裡，直到我們死亡為止，除非我們採取行動，想辦法消除信念的力量。然而，在這個情況中，小男孩沒有這種念頭，也沒有消除恐懼的動機。

因此，這個小男孩有一種主動的矛盾，他知道並非所有的狗都很危險，這種信念讓他能夠看出跟狗一起玩的可能性，但是他另有所有的狗都很危險的信念，這種信念力量強大，他每次碰到狗時，仍然會感受到某種程度的恐懼。恐懼可能沒有大到讓他驚慌逃走，因為一部分恐懼會被另一種信念抵消，但是他心中的恐懼仍然很大，足以讓他覺得很不舒服。

如果我們不了解我們發現的東西是創造性思考的結果，也不知道偶然的創造性經驗不見得具有足夠的能量，不能變成我們心中的主導力量，那麼「看出」和了解一種情況並不危險，同時卻發現自己因為恐懼而動彈不得的情形，可能讓我們相當困擾。換句話說，我們的新認知或發現很可能具有足夠的能量，足以實際影響我們對資訊的認知，進而促使我們看出原本看不出來的可能性，卻又沒有足夠的能量，不能實際影響我們的行為。我這樣說的時候，是根據影響或表現自我所需要的能量，比觀察事物所需要的能量多。

另一方面，如果我們內心沒有存在跟新認知和發現對立的力量，新認知和發現立刻可以輕鬆地成為主導力量。但是如果心中已經有對立的信念，我們又不願意花一些精神，消除對立信念的能量，尤其是這種對立力信念具有負面能量時，那麼根據我們的發現採取行動，頂多只是辛苦的奮鬥過程，甚至根本不可能。

我剛剛說的是幾乎每一位交易者都必須解決的心理困境。假設你確實了解機率的本質，因此「知道」下一筆交易，只是一系列可能有結果的交易中的另一筆交易。但是你發現自己仍然害怕進行下一筆交易，或是仍然受到好幾筆以恐懼為基礎的交易錯誤影響。請記住，恐懼的基本原因是可能把市場資訊定義和解讀為具有威脅性。那麼可能把市場資訊解讀為有威脅性的起源是什麼？正是我們的期望！市場產生不符合我們期望的資訊時，價格的起伏似乎具有威脅性（變成帶有負面能量）。因此，我們會感受到恐懼、壓力和焦慮。我們期望的基本來源是什麼？是我們的信念。

因為你現在已經了解信念的本質，如果你交易時，仍然感受到負面的心態，你可以假定你所「知道」的可能結果，和你頭腦中的任何其他信念產生衝突，爭著要求表現其他的事情。請記住，所有活躍的信念都要求表現，即使你不希望它們表現，它們還是一樣會求表現。要根據機率的角度思考，你必須相信市場中的每一個時刻都獨一無二，說得更明白一點，每一種優勢都有獨一無二的結果。

你在實用階層相信每一種優勢都有獨一無二的結果（意思是這點是主要的信念，沒有其他信念爭著表現不同的東西），你交易時，會體驗到沒有恐懼、壓力和焦慮的心態。優勢其實不可能用別的方式運作，獨一無二的結果不是我們已經體驗到的東西，因此不是我們已知的東西。如果我們已經知道，就不可能獨一無二。你相信自己不知道下一步會有什麼變化時，你對市場到底會有什麼期望？如果你說「我不知道」，你絕對正確。如果你相信會發生什麼變化，而且不需要知道這種變化到底是什麼，才能賺錢，那麼你怎麼可能把市場資訊，定義和解讀為具有威脅性的痛苦資訊？如果你說「沒有這回事」，你又完全正確。

下面還有另一個例子，說明信念如何要求表現。我們假設小孩第一次碰到狗的狀況，是非常具有正面意義的體驗，因此小孩跟狗互動（任何的狗）都沒有問題，因為他不是碰到不友善的狗。因此，他不知道狗可能造成傷害，或可能讓他感受到痛苦的觀念（具有能量的信念）。

他學到把文字和記憶聯想在一起後，很可能會學到類似「所有的狗都很友善、很有趣」的信念。因此，每次狗進入他的知覺範圍時，這種信念會要求表現，這與過去跟狗有過不愉快經驗的人來看，這個小孩似乎抱著魯莽、任性的態度。如果你設法說服這個小孩，告訴他如果他不小心，總有一天會被狗咬，他的信念會促使他輕視或完全不理會你的忠告，他的反應會類似「不可能！」或是「這種事情不可能在我身上發生。」

假設後來他要接近一隻陌生的狗，狗不希望別人打擾，因此大聲咆哮，他沒有注意到狗的警告，結果狗咬了他。從小男孩的信念系統來看，他剛剛碰到了創造性經驗，這種經驗對他認定「所有的狗都很友善」的信念，會有什麼影響？他會像第一個例子裡的小男孩一樣，從此開始害怕所有的狗嗎？

不幸的是，答案並不十分明確，因為這個小孩心中還有其他信念也會要求表現，這種信念跟狗沒有什麼特別關係，卻會在這種狀況中發生作用。例如，如果這個小孩具有高度發展的背叛信念（他相信自己在一些很重要的狀況中，遭到一些很重要的人背叛，使他經歷強烈的情感痛苦）。如果他把這隻狗咬他，當成一般狗類的「背叛」（基本上是背叛他對狗的信念），那麼他很可能就會害怕所有的狗。他原來信念中所具有的正面能量，可能在片刻之間，轉變成負面能量，這個男孩可能用「如果一隻狗可能背叛我，那麼任何一隻狗都可能背叛我」的合理化想法，證明自己的轉變有道理。

然而，我認為這種情形很極端，很不可能發生，比較可能的情形是他原始信念中，「所有」這個字眼會在片刻之間失去力量，這些能量會轉移到更能反映狗真正本性的新信念中。這次新經驗造成能量轉移，迫使他學到跟狗本性有關，他原本拒絕考慮的事情。他對狗很友善的信念並沒有變，他還是會跟狗玩，但是以後他會花一點精神，注意看看狗友善或不友善的跡象。

我認為，跟我們存在本質有關的基本事實是：市場和日常生活中的每一刻，都有我們知道的因素（類似的東西），也有我們不知道或是因為沒有經歷過、不可能知道的因素。除非我們積極訓練自己的頭腦，預期獨一無二的結果，否則我們會繼續只感受到我們已經知道的東西，其他的一切，也就是其他資訊和不符合我們已經知道、能夠預期的可能性，都會在我們不知覺、漠視、扭曲、直接否認或攻擊下，避開我們的注意。你真正相信自己不需要知道時，你會根據機率的方式思考（市場觀點），你會沒有理由阻止、漠視、扭曲、否認或攻擊市場所提供可能波動方向的任何資訊。

如果你沒有感受到這句話所暗示的心智自由特性，卻希望能夠體會，那麼你必須主動訓練自己的頭腦，相信每一刻獨一無二的特性，你必須消除主張其他看法的任何其他信念的力量。這種過程跟第一種情況中小男孩經歷的過程沒有什麼兩樣，但是也不會自行發生。小男孩希望跟狗互動時不再害怕，但是要達成這個目的，他必須創造新的信念，也必須把對立信念的力量消除，這是交易者能夠創造長期成功的祕密。

不管我們是否意識到信念存在我們心中，信念都會不斷地發揮作用。換句話說，我們不必主動的記憶，或有意識地接近任何特定信念，因為這種信念會在我們對資訊的認知或對我們的行為發揮影響力。我知道大家很難「相信」我們甚至不記得的東西，仍然可能影響我們的生活。但是你想一想，就知道我們一生中學到的大部分東西，都儲存在無意識或下意識的層面中。

如果我請你回想你必須學習的每一種特定技巧，以便能夠有信心地開車，你可能不記得學習過程中，你必須專心注意的所有事情。我第一次有機會教青少年開車時，對於要學那麼多我認為理所當然、在意識階層不再思考的東西，覺得相當驚訝。

說明這種特性最好的例子可能是酒醉駕車的人。任何一天或任何一個晚上，很可能都有幾千、幾萬個人喝了太多的酒，不知道自己怎麼在失去知覺意識的情況下，從甲地開車到乙地。你可能很難想像這種事情怎麼會發生，除非你從比知覺意識深很多的層面，考慮駕駛技巧和駕駛人相信自己能夠自動駕駛的信念。

的確有某種比率的酒醉駕駛人出車禍，但是你比較車禍比率和估計酒醉駕駛的人數，會驚訝地發現車禍件數不是很多。事實上，酒醉駕駛出車禍，最可能的原因是駕駛人睡著了，或是駕駛需要有意識地決定和快速行動。換句話說，駕駛狀況非常複雜，光是憑下意識的技巧還不夠。

自我評估與交易

這種特性怎麼應用在交易上也相當複雜。交易環境提供我們無限累積財富的機會，但光是因為財富放在眼前，我們可以看出自己賺取財富的可能性，不見得表示我們（身為個人）具有無限的自我評估意識。換句話說，我們希望得到多少錢、我們認知眼前有多少錢，和我們實際上相信自己值得或應該賺到多少錢之間，有非常大的差距。

每個人都有一種自我評價的感覺，要說明這一點，最簡單的方法是列出意識和下意識中，可能贊成或反對累積或創造更大成就與財富的每一種活躍信念。然後比較具有正面能量和負面能量信念的力量，如果主張追求成就與財富、帶有正面能量的信念，力量超過帶有負面能量信念的力量，那麼你就具有正面的自我評價意識，否則就是具有負面的自我評價意識。

這些信念彼此互動的力量根本不像我說得那麼簡單。事實上，這種力量極為複雜，你可能要花好幾年時間深入研究，才能井然有序地把這些信念分辨清楚。你需要知道的是，在任何社會環境中成長，幾乎都不可能不學到一些帶有負面能量的信念，反對你創造成就或累積大量財富。這種自我破壞的信念大都已經被人淡忘，在下意識的層次發揮影響，但是我們可能忘記這種信念，不表示這些信念失去了力量。

自我破壞的信念是怎麼學到的？不幸的是，學習這種信念極為容易，最常見的方式很可能是小孩從事父母或老師不希望他們做的活動，小孩因此意外受傷。很多父母親為了讓小孩了解這一點，對這種狀況的反應可能會說：「你就是活該，才會碰到這種事（你所經歷到的痛苦）。」或是說：「你不聽我的話，才有這種結果，上帝在處罰你。」由於聽到這種負面的話語，小孩很可能把將來的每一次傷害，都跟這種話聯想在一起，因而形成自己沒有價值，不應該追求成功、幸福或愛情的信念。

我們覺得有罪惡感的任何事情，對我們自我評價的感覺，都可能有不利的影響。罪惡感通常跟壞人聯想在一起，大部分人認為，壞人應該遭到懲罰，一定不能得到獎勵。有些宗教教導小孩，認為富有、多金不虔誠或不崇高；有些人相信用某種方式賺錢不對，即使這樣做十分合法，又合乎社會道德。在這種情況下，你可能不記得曾經學過反對你追求成就的東西，但是這樣不表示你學到的東西不再有影響力。

我們進行交易時，這種下意識自我破壞信念的表現方式通常是：疏忽或不專心，因而產生交易錯誤，例如把買進委託說成賣出委託，把賣出委託說成買進委託，或是受讓你分心的事情影響，離開電腦螢幕，回來時才發現，自己錯過了當天最好的交易機會。我曾經跟很多獲得長期成就各自有不同績效的交易者合作，發現他們就是不能突破累積財富的某些門檻。他們發現一種看不見卻很真實的障礙，就像很多女性主管在企業界中碰到的玻璃天花板一樣。

不管市況如何，這種交易者每次碰到障礙時，都會嚴重虧損。然而，問他們到底是怎麼回事時，他們通常只會把自己突然碰到的虧損，歸咎於運氣不好，或是歸咎於市場變化多端。有趣的是，他們通常都能穩定的增加財富，有時候會連續獲利好幾個月，嚴重虧損總是在他們累積財富曲線的同一點上發生。我把這種心理現象說成是「逆境」。交易者處在「順境」時，財富會源源不絕流入口袋，同樣的，如果交易者處在逆境，無法解決的自我評價問題對他發揮神祕的影響力，影響他對資訊的認知和行為時，財富也可能同樣容易流失。

我不是暗示你，說你必須把愈來愈多反對你積極自我評價意識的每一種信念，都消除力量，因為你不必這樣做。但是你必須知道這種信念存在，而且在你的交易系統中，採取特殊步驟，以便補救這種信念自我表現形成的傷害。

第十一章
像交易者一樣思考

如果你要我把交易簡化成最簡單的形式，我會說交易是辨認型態的數字遊戲。我們利用市場分析去辨認型態、界定風險，決定什麼時候獲利落袋。交易不是成功就是失敗，不管是成是敗，我們都要繼續進行下一筆交易。交易就是這麼簡單，卻絕對不很容易。事實上，交易很可能是你最難有成就的事情，原因不是交易需要智慧，正好相反！因為你知道的越多，成功的機會卻可能越少。交易很難，是因為即使你的分析經常「全然正確」，你卻必須在不確定的狀況下操作。在不確定的狀況下操作，你必須正確管理自己的期望，要正確管理自己的期望，你必須調整心態，以便堅定地相信五種基本事實。

我在這一章裡，要讓你做交易練習，讓你把五種跟市場有關的事實，整合進你心中的實用層面，在這個過程中，我會引導你經歷交易者發展的三個階段。

第一階段是**機械階段**，你在這個階段中必須：

1. 在任何環境中建立交易所需要的自信。
2. 學習如何完美地執行交易系統。
3. 訓練你的頭腦用機率的方式思考（五種基本事實）。
4. 創造強而有力、無法動搖的信念，相信自己可以成為長期成功的交易者。

一旦你完成了第一階段，你就進入交易的**主觀階段**。在這個階段中，你要利用你所學到跟市場波動本質有關的一切，做你想做的事情。這個階段很自由，因此你必須學習如何監督自己容易犯交易錯誤的問題，這個問題是在上一章中提到的自我評價問題沒有解決而導致的結果。

第三階段是**直覺階段**。憑著直覺交易是最進步的發展階段，就像在武術中贏得黑帶一樣。不同的地方是，你無從設法變成具有直覺，因為直覺是自動自發的東西，不是來自理性階層中我們所知道的東西。我們的理智似乎天生就不信任我們從不了解的來源收到的資訊。察覺什麼事情即將發生，跟我們憑理智知道的東西大不相同。我曾經跟經常擁有很強烈的直覺，知道什麼事情將會發生的許多交易者合作，結果他們的直覺都跟理智衝突，理智不斷地要求他們採取另一種行動。如果他們依據直覺行事，當然會碰到非常滿意的結果，但是最後結果通常總是令人不滿意，跟他們原本認為可能得到的結果相比時，更是如此。要設法變成憑著直覺行事，我所知道唯一的方法是努力培養最便於接受直覺衝動、依據直覺衝動行動的心態。

機械階段

設計交易的機械階段，目的是為了建立信任、信心、依據機率思考等交易技巧，這種技巧實際上可以強迫你創造成果。我把長期成果定義為穩定上升的財富曲線，其中只有若干因為優勢沒有發生作用，自然形成的小虧損。

要創造穩定上升的財富曲線，除了要找到能夠讓你的獲利優勢對你有利的型態外，也要有系統地消除你根據恐懼、欣喜或自我評價，犯下的交易錯誤。要消除錯誤，提升你的自我評價意識，需要學習本質上完全屬於心理範圍的技巧。

這些技巧屬於心理範圍，是因為每種技巧在最純粹的型態下，只是一種信念。請記住，憑著意志發揮作用的信念，會決定我們的心態，塑造我們的經驗，持續強化我們已經認定是事實的東西。和環境狀況相比，信念的真實程度，可以由信念對我們有多少幫助而定，也就是說，由信念幫助我們達成目標的程度而定。如果你的主要目標是創造長期交易獲利，那麼創造一種有意識、有能量、能夠對抗變化、要求表現，並認定「我就是能夠創造長期獲利交易者」的信念，這種信念會變成主要的能量來源，讓你以滿足這種信念，進而達成目標的方式，管理你的認知、解讀、期望和行動。

要建立「我就是能夠創造長期獲利交易者」的主導信念，需要遵守好幾個長期成功的原則。這些原則當中，毫無疑問的，有些會跟你已經學到的交易信念直接衝突。如果是這樣，你就變成了信念和願望直接衝突的典型例子。

這裡所說的能量力量，跟小男孩希望像其他小孩一樣不怕跟狗玩的能量力量，沒有什麼不同。小男孩希望用至少一開始時，他認為幾乎不可能的方式，表達自己。為了滿足他的願望，他必須進入主動轉變的過程。他用的技巧很簡單，就是盡最大的力量，注意他設法達成的東西，一步一步地消除對立信念的力量，強化和他的願望符合的信念。

到了某個時刻，如果你希望改變，你就必須踏上變成長期贏家的程序。談到個人改變，最重要的因素是你願意改變，目標明確，又具有強烈的意願。到最後，這種程序要能發揮作用，你必須超越所有其他原因，選擇追求長期成就，當成交易的原因。如果所有這些因素都充分具備，那麼不管你碰到什麼內心障礙，你的意願最後都會勝過一切。

檢視自己

創造長期持續獲利的第一步，是開始注意你的思考、談論和行為。為什麼？因為身為交易者，思想、談話和所有行為都會成為交易者心智系統的一部分，因而強化交易者的信念。要變成長期贏家的過程，在本質上是心理過程，因此你對於必須注意自己的各種心理程序，應該不會覺得訝異。

最後的目標是學會客觀檢視自己的思想和言行。為了避免交易錯誤，你的第一道防線是抓住自己正在思考的交易錯誤；最後一道防線當然是抓住自己正在採取的犯錯行為。如果你不下定決心檢視這些程序，你總是會在事情過後十分後悔和煩惱時，才知道自己犯了錯誤。

客觀檢視自己，意思是檢視自己時不做判斷，也不嚴厲批評你注意到的一切。對某些人來說，這樣做並不容易，因為他們一生中，一直遭到別人嚴厲、批判性的待遇，因此，很快地就學會把任何錯誤跟情感痛苦聯想在一起。誰都不喜歡陷入情感痛苦，因此我們通常會儘量拖延時間，避免把我們所知道的事情定義為錯誤。我們在日常生活中避免面對錯誤，通常不會像進行交易時避免面對錯誤那樣，產生同樣可怕的後果。

例如，我跟場內交易員合作時，我用來說明他們危險狀況的例子，是請他們想像自己走在跨越大峽谷的橋樑上，橋樑寬度跟他們交易的合約口數直接相關。例如，對於只交易一口合約的交易者來說，橋樑很寬，好比有二十英呎寬，走在二十英呎寬的橋樑上，你可以容忍很大的犯錯空間，因此你不必特別小心，不必注意你的每一步。然而，要是你不慎摔倒，從橋邊掉下去，你會摔落到有一英里深的大峽谷。

我不知道有多少人願意走在沒有護欄、距離地面一英里的狹橋上，但是我猜很少人願意這樣做。同樣的，很少人願意冒跟期貨交易所有關的交易風險。交易一口合約的人的確可能嚴重傷害自己，嚴重到好像從一英里高的橋樑摔落下去一樣。但是交易一口合約的人發現自己犯錯時，可以給自己很大的容忍空間，以忍受錯誤、計算錯誤或市場罕見的激烈震盪。

另一方面，我曾經跟一位交易規模最大的場內交易員合作過，他利用自己的資金，交易國庫公債期貨合約，一筆交易平均有五百口。他的一筆交易經常遠超過一千口，一千口國庫公債合約的價格每波動一檔，等於漲跌三萬一千五百美元。國庫公債期貨的波動當然可能很激烈，可能在幾秒鐘之內，就漲跌好幾檔。

隨著交易者的部位增加，我們架在大峽谷上的橋樑寬度會縮減。以這位公債交易大戶的情形來看，橋樑寬度縮減到只有一條細線的程度，他顯然必須保持絕佳的平衡，注意踏出的每一步，稍微失足或強風吹襲，都可能使他從這條線上摔落，下一步就是掉到一英里的峽谷中。

他在交易廳裡，一次分心就等於小小的失足或輕微的強風，就是這樣而已，只要想到一種想法或任何其他事情，讓他分心一兩秒，在他分心的片刻間，他可能錯過最後一個有利他出脫部位的好機會，下一個成交量夠大、能夠讓他出脫部位的價位，可能差了好幾檔，不是讓他出現巨額虧損，就是迫使他把大部分原本應該大賺的錢吐還給市場。

如果創造長期獲利是消除錯誤的結果，那麼說如果你不能承認錯誤，要達成目標就會碰到極大的困難，一點也不為過。顯然這一點很少人能夠做到，這也是長期贏家這麼少的原因。事實上，不能承認錯誤的傾向在大家身上極為普遍，可能使我們認為，這是人性固有的特點。我不相信這種事情，也不相信我們天生在犯錯、計算錯誤或出錯後，會嘲笑或看輕自己。

犯錯是生活中的自然結果，而且我們會繼續犯錯，除非我們能夠進入下列狀況：

1.我們所有的信念和我們的願望都絕對協調一致。

2.我們所有的信念都調整好，完全配合環境的運作方式。

如果我們的信念不能配合環境的運作方式，犯錯的可能性顯然可能很高，我們會看不出要達成目標應該採取哪些正確的步驟。更糟糕的是，我們會看不出我們想要的東西可能不存在，或是存在的數量不如我們的預期，或是在我們希望得到的時候得不到。

另一方面，信念和目標衝突產生的錯誤並非總是很明顯，我們知道這些錯誤會發揮相反的力量，在我們的意識中，表現出本身特有的事實真相，而且錯誤可以用很多方法這樣表現。造成注意力短暫分散的分心最難察覺，表面上，這種事情聽起來可能不重要，但是就像大峽谷上橋樑的比喻一樣，牽涉的利益很多，即使專注的能力略有閃失，都可能造成災難性的錯誤。交易、運動比賽或撰寫電腦程式都適用這個原則。當我們的目標很明確，而且沒受到相反能量妨礙時，我們會變得更專注，更可能達成目標。

之前我把贏家態度定義為努力的積極期望，並接受結果當成完美反映我們的發展水準，也完美地反映我們有什麼需要學習和改善的地方。「長期表現傑出」的運動員和表演家跟一般人不同的地方，是他們顯然不怕犯錯。他們不怕的原因是他們犯錯時，沒有理由看輕自己，也就是說，他們心中沒有積存帶著負面能量的記憶等著湧上來，傷害他們的意識思想程序，就像獅子等待適當時刻，撲在打算捕獵的獵物一樣。他們為什麼具有這種能夠迅速擺脫錯誤、不批判自己的罕見能力？原因之一可能是他們成長時，有極為罕見的父親、老師和教練，用他們的語言和範例，以充滿真正愛心、關心和接受的方式，教導他們改正自己的失算和錯誤。我說「極為罕見」，是因為很多人成長時，碰到正好相反的經驗，別人教我們改正錯誤或失算時，是抱著憤怒、不耐煩、明顯不接受的態度。因此，對傑出的運動員來說，他們過去面對錯誤時的正面經驗，是否可能使他們學到一種信念，認為錯誤只是指引他們，讓他們知道什麼地方需要專心努力，以便追求成長和自我提升？

有了這種信念後，心中就不會產生帶有負面能量的東西，也不會產生看輕自己的想法。然而，對大部分的人來說，成長時的行為碰到極多負面反應，自然會學到「無論如何都必須避免錯誤」、「如果我犯錯，我一定有問題」、「我一定搞砸了」，或是「如果我犯錯，我一定是壞人」之類和錯誤有關的信念。

請記住，每一種想法、語言和行為，都會強化一些跟我們自己有關的信念。如果我們一再用負面的說法批判自己，我們會學到「我總是把事情搞砸」的信念，這種信念會設法表現在我們的思想中，使我們分心把事情搞砸；這種信念會設法表現在我們的談話中，促使我們說出反映我們的信念、跟自己或跟別人有關的話（如果我們注意到別人也有同樣的特性）；這種信念也會表現在我們的行動上，促使我們做出公開傷害自己的行為。

如果你希望變成長期贏家，你不能像大部分人一樣，讓錯誤以具有負面能量的形式存在，你多少必須具有自我檢視的能力，如果你發現自己正在犯錯，可能感受到情感上的痛苦時，要做到這點就會很難，如果你確實可能如此，你有兩種選擇：

1. 你可以努力學習一套具有正面能量，跟犯錯的意義有關的新信念；同時消除應該會發揮相反力量的負面能量，或是在你犯錯時促使你看輕自己的任何信念的力量。

2. 如果你不喜歡第一種選擇，你可以藉著制定自己的交易系統，補救犯錯的可能。這點表示如果你要進行交易，又不願意檢視自己，卻希望得到長期獲利，那麼完全從機械階段進行交易，會解決這個問題。

一旦你排除了和錯誤有關的負面能量，學習如何檢視自己，就會變成相當簡單的程序。事實上，這樣做很容易，你所要做的事情，就是決定你為什麼要檢視自己，也就是你首先必須有清楚的目的。目的清楚後，就開始把你的注意力，放在你的思想或言行上。

如果你注意到，你沒有把全部精神都放在目標上，或是放在達成目標的各個步驟上，你就必須下定決心，重新引導你的思想或言行，配合你想要達成的目標。你可能必須不斷地重新引導，你越願意從事這種過程，尤其是這樣做時配合某種程度的信念，越快能夠創造自由的心態，配合你的目標，發揮作用，卻不會碰到對立信念的抗拒。

自律的角色

我把剛才說的這種過程叫做自律，自律的定義是盡最大的力量，在我們的目標或願望跟信念的其他因素衝突時，重新把注意力引導到目標或願望上的心智技巧。

你首先應該注意的是，這種定義中的自律不是創造新心理的技巧，也不是個人特質，人天生下來就沒有自律的特質，事實上，你考慮我的定義時，就知道自律甚至不是天生的。然而，任何人都可以把自律用在個人轉變的過程中。

我個人生活中下面這個例子說明這種技巧的基本運作方式。一九七八年，我決定開始跑步，我不太記得自己的基本動機是什麼，只是過去八年，我一直過著很不活躍的生活，除非你把看電視當成嗜好，否則我沒有從事過任何運動或嗜好。

我念中學和念大學的一部分時間裡，曾經積極運動，尤其是常打冰上曲棍球。

大學畢業後，我過的日子跟自己的期望大不相同，我不是不喜歡我的生活，而是覺得沒有力量做其他事情，因此過了一段不活躍的日子，這是說我十分沮喪的好說法。

我不太清楚自己為什麼突然希望變成跑步者（或許是若干電視節目激發我的興趣）。不過我的確記得我的動機非常強烈，我出去買了一雙慢跑鞋，穿上慢跑鞋後就開始跑步。我發現的第一件事情是我跑不動，我連跑五、六十碼的能力都沒有。我很驚訝，我不知道、也不相信自己體能這麼差，連一百碼都跑不到。知道這一點讓我極為沮喪，因此接下來的兩、三星期裡，我都沒有再嘗試跑步。我再次出去跑步時，仍然跑不到五、六十碼，隔天我再試一次，結果當然相同，我對自己體能惡化的情形覺得非常沮喪，因此四個月沒有再跑步。

到了一九七九年春季，我再度下定決心要跑步，同時對自己一直沒有進步覺得很煩惱。我考慮自己的問題時，忽然想到我的問題之一是沒有可以努力的目標。說我想跑步很好，但跑步的意義是什麼？我真的不知道，跑步太含糊、太抽象，我必須有更實際、可以努力的目標，因此我立下了一個目標，希望夏季結束時能夠跑五英里。

五英里在當時看來似乎是無法達成的目標，但是想到我或許跑得到，於是產生了許多興趣，興趣增加讓我具有足夠的衝勁，在那星期裡跑了四次。第一星期結束時，我十分驚訝，發現略為運動一下，就可以改善我的體力，讓我每次能夠多跑一段距離。這種情形激發了更大的熱情，因此我去買了馬表和空白記事本，準備拿來當跑步日記。我定出了跑二英里的進度表，每跑四分之一英里就記錄下來，我在日記上記下日期、距離、時間和每次我跑步時對身體狀況的感覺。

自己在達成跑五英里的目標上大有進展時，碰到了另一些問題，其中最大的問題是每次我決定出去跑步時，意識中就充滿了互相衝突、令人分心的想法。我驚訝地發現，要我放棄跑步的原因又多又有力，例如：「外面很熱或很冷」、「外面看來好像要下雨的樣子」、「從上次跑步到現在（雖然是三天前的事情了），我還有一點累」、「沒有人會知道我沒有去跑步」。最常見的原因是：「這個電視節目一播完，我就去跑步（我當然都沒有去跑）」。

我不知道有什麼別的辦法，處理這種互相衝突的心理能量，只知道重新引導我的注意力，注意我想要達成的目標。我真的希望在夏季結束前，能夠跑到五英里，我發現我的願望比互相衝突的信念還有力。因此，我設法穿上慢跑鞋，走到外面，開始跑步。然而，我經常發現，互相衝突和令人分心的想法讓我停滯不前。事實上，我估計一開始時，我有三分之二的時間不能克服這種互相衝突的能量。

我碰到的下一個問題是：我快要能夠跑完一英里時，心裡極為高興，想到我需要額外的機制，促使我跑完五英里。我心想，一旦我能夠跑到二英里或三英里，我會興奮之至，會覺得不需要達成跑完五英里的目標。因此我定下一條規則，你可以把這條規則叫做五英里規則：「如果我能夠克服所有叫我別跑的對立想法，穿上慢跑鞋出去跑步，我一定要比上次至少多跑一步。」多跑一步很好，但是無論如何，都不能少跑一步。結果我從來沒有破壞這個規則，到了夏季結束時，我達成了跑五英里的目標。

但是在我達成目標前，真正有趣又完全意料不到的事情發生了。我快達成目標時，對立的想法開始消失，最後完全不見。這時我發現，如果我想跑步，就能夠徹底自由地去跑，心裡沒有任何抗拒、衝突或互相競爭的想法。從我所經歷的奮鬥來看，說我很驚訝，一點也不為過，因為之後我很頻繁地繼續跑了十六年。

我現在跑的沒有那麼勤快了，因為五年前，我決定重新開始打冰上曲棍球。曲棍球是極為激烈的運動，有時候我一星期打四次之多，想到我的年齡超過五十歲，再想到這種運動所需要的力量，我打完球後，通常要花一、兩天才能恢復，因此沒有多少時間再跑步。

如果你把這種經驗，放在我們現在所了解的信念本質中，你可以看出好幾個要點。

1. 起初我想跑步的願望在我的心智系統中，沒有任何支持基礎。換句話說，我的願望構成因素中，沒有其他能量來源（有能量的觀念會要求表現出來）。

2. 我實際上必須採取行動，創造這種支持。為了創造「我喜歡跑步」的信念，我必須配合這種新信念，創造一系列的經驗。請記住，我們的所有思想和言行，都會增加我們心智系統中某些信念的能量。每次我體驗到互相對立的思想，能夠重新注意自己的目標，又有足夠的信念，促使我穿上慢跑鞋出門跑步時，我就為「我喜歡跑步」的信念增加了能量。同樣重要的是，我在無意之間，把所有反對信念的能量抽走。我說無意之間，是因為沒有什麼經過特別設計的技巧，能夠看出和消除對立信念的力量，但是當時我不了解這種轉變過程中的運作方式，因此根本沒有想到要利用這種技巧。

3. 從心智觀點來說，因為「我喜歡跑步」，現在我可以輕鬆地說自己喜歡跑步。這種觀念現在具有能量，變成我認同中能夠發揮作用的一環。一開始時，我正好有一些反對跑步的信念，因此，我需要自律技巧，才能變成喜歡跑步的人。現在我不需要自律，因為「喜歡跑步」已經變成我身分的表徵。我們的信念完全配合目標或願望時，對立能量就不會有來源，如果沒有對立能量的來源，在意識或下意識之間，就不會有分心、藉口、合理化、找證據或犯錯的來源。

4. 信念可以改變，如果一種信念可以改變，那麼所有的信念都可以改變。前提是你必須了解你其實沒有改變信念，只是把能量從一種觀念中，移到另一種觀念中（遭改變的信念，形式上仍原封不動、沒有改變）。因此，兩種完全對立的信念可以並存在你的心中。但是如果你把其中一種信念的能量抽走，再全部加在另一種信念上，從實用的觀點來看，其中沒有矛盾，只是能量增加的信念會變成影響你心態、認知、資訊解讀和行為的力量。

機械式交易唯一的目的是改變自己，把自己變成能夠創造長期成就的交易者。如果你的心中有任何東西，和產生「我是長期成功交易者」的原則衝突，那麼你必須利用自律技巧，把這些原則綜合起來，成為你認同中具有主導力量、又能發揮作用的一環。一旦這些原則成為你身分的表徵，你就再也不需要自律，因為「追求長期成果」的過程會變得極為輕鬆。

請記住，長期成功和進行一筆、甚至一系列獲利的交易不同，因為進行一筆獲利的交易絕對不需要任何技巧，你只要像猜測投擲錢幣的結果一樣猜對，就能完成一筆獲利的交易。長期成就卻是一種心態，一旦你形成這種心態，你就不會「變成」別的樣子，你不必嘗試變成創造長期獲利的人，因為創造長期獲利會變成你認同中自然的功能。事實上，如果你必須嘗試，就表示你還沒有把長期獲利的原則徹底整合，變成心中具有主導力量、互不衝突的信念。

例如，事先界定風險是「長期獲利」過程中的一環，如果你必須花費精神事先界定風險，如果你必須刻意提醒自己這樣做，如果你碰到任何對立的思想（基本上是設法說服你不要這樣做的思想），或是你發現自己進行的交易沒有事先界定風險，那麼這個原則就不是你認同中具有主導力量、又能實際發揮作用的一環，不是你身分的表徵，如果是的話，你根本不會事先不界定風險。

如果所有對立的力量都消除掉了，你就不可能「變成」別的樣子。原來的衝突會變得幾乎無足輕重，這時別人可能認為你極有紀律（因為你可以做到他們很難做到、甚至不可能做到的事情），但是實際上，你根本不是有紀律，只是根據另一套不同的信念發揮作用，這套信念會迫使你用符合願望、目標和目的的方式行動。

創造長期獲利的信念

創造「我是長期贏家」的信念是主要目標，但是像我希望變成喜歡跑步的人一樣，這種信念太廣泛、太抽象，如果不先分解成一步、一步的程序，就會無法實現。因此我現在要做的事情，就是把這種信念分成最小卻容易辨認的細節，然後教你怎麼把每一部分綜合起來，成為具有主導力量的信念。下列次信念是構成「成為長期贏家」信念基本結構中的要素。

我是長期贏家，因為：

1. 我客觀地看出自己的優勢。
2. 我事先界定每一筆交易的風險。
3. 我完全接受風險，我願意放棄交易。
4. 我根據自己的優勢行動，毫無保留或猶豫。
5. 市場讓我賺錢時，我會酬謝自己。
6. 我不斷檢視自己犯錯的可能性。
7. 我了解這些長期成功原則絕對必要，因此從來沒有違反過。

這些信念是長期獲利的七大原則，要把這些原則整合到你心智系統的實用層次，你必須刻意創造一系列符合這些原則的經驗。這樣做和小男孩希望跟狗玩要，或是和我希望經常跑步沒有什麼不同。小男孩能夠跟狗玩之前，光是為了親近狗，首先就必須做很多次嘗試。最後，他心中的能量平衡轉變後，內心才能毫無抗拒地跟狗玩。為了變成有跑步習慣的人，我必須不顧心裡的所有反對力量，創造跑步經驗，最後，隨著能量變成對我越來越有利的這種新定義，跑步自然變成我表達新身分的方式。

我們希望達成的目標，顯然遠比變成喜歡跑步的人、遠比拍拍狗複雜多了，但是過程的基本動力相同。我們開始時，要定出特別的目標，長期獲利的第一個原則是相信「我可以客觀看出自己的優勢」。這裡的關鍵字眼是客觀，客觀表示不會從痛苦或欣喜的觀點，定義、解讀和認知任何市場資訊。客觀的表現方式是運作時，以保持期望中立的信念為依據，總是考慮未知的力量。

請記住，你必須特別訓練你的頭腦，變成客觀，變成專注「當下的機會流動」。我們的頭腦並非天生就會形成這種思考方式，因此要變成客觀的觀察家，你必須學習怎麼從市場的角度思考。從市場的角度來看，總是有未知的力量（交易者）等著影響價格波動。因此，從市場的角度來看，「每一刻都是真正獨一無二的時刻」，即使某一刻看起來、聽起來或感覺起來，正好跟你記憶中的某些時刻完全相同。

一旦你認定或假設自己知道下一步會有什麼變化，你就會自動地期望自己正確無誤。然而，至少從理性的思考水準來看，你所知道的東西可能只考慮到自己獨一無二的過去，過去可能跟市場實際的情況沒有關係。這時，任何不符合你期望的市場資訊，你都可能定義和解讀為痛苦的資訊。為了避免碰到痛苦，你的頭腦會在有意識和下意識間，運用避免痛苦的機制，自動彌補你的期望和市場所提供資訊之間的任何差異。

你碰到的情形通常叫做「幻想」。如果你處在幻想狀態中，你會變得不客觀，會跟「當下的機會流動」失聯，會變得容易犯各種典型的交易錯誤（猶豫不決、魯莽輕率、不事先界定風險、界定風險卻拒絕認賠，讓交易的虧損擴大、太早出脫交易部位、不從獲利的部位中獲利，讓獲利的交易變成虧損、把停損價位移到太接近切入價位，遭到停損出場，然後看著市場恢復對你有利的走勢，或是交易的部位太大，遠超過你的資本）。跟市場有關的五大基本事實會促使你維持中立的期望，把精神專注在「當下的機會流動」（使目前時刻和你的過去脫勾），因而消除犯這些錯誤的可能。

你不再犯交易錯誤時，會開始信任自己，你信任自己的感覺增加後，自信心會提高，你越有信心，越容易執行交易（毫無保留或毫不猶豫地根據自己的優勢行動）。五大事實會讓你創造真正接受交易風險的心態。你真正接受風險時，對任何結果都會平靜看待，你能夠平靜看待任何結果時，會體驗到開放和客觀的心態，可以在任何「當下時刻」，認知和根據市場從本身觀點所提供的資訊，採取行動。

第一個目標是把「我客觀看出自己的優勢」，整合成具有主導力量的信念。你現在的挑戰是怎麼達成目標？怎麼把自己變成始終能夠配合市場觀點思考的人？

轉變過程開始時，是要把你的願望和意願重新放在你願望的目標（自律）上。願望是力量，不見得符合或類似你現在真正相信的交易本質。明確的願望具有清楚、特定的目標，是很有力的工具，你可以利用願望的力量，為你的認同創造全新的樣子或層面；改變兩種以上對立觀念之間的能量；把你的記憶架構或屬性從負面變成正面。

我敢說你一定很熟悉「下定決心」這句話，「下定決心」的意義是我們決定自己想要的東西是什麼時，極為明確、絕對沒有任何疑慮，無論內心或外在都深信沒有什麼東西阻擋我們。如果我們的決心背後具有足夠的力量，我們實際上就可能在片刻之間，體驗到心智結構的重大變化。消除內心衝突的力量不是時間的問題，而是欲望的功能（不過我們可能要花很多時間，才能真正下定決心）。否則的話，在極不明確和缺乏信心的情況下，自律技巧久而久之，也會相當妥善地幫助我們達成目標（前提當然是你願意利用這種技巧）。

要達成目標，你必須儘量用最高程度的信念與明確度「下定決心」，把追求交易長期持續獲利（信任、信心與客觀心態）的願望，當成最優先目標。你必須這樣做，因為如果你像大部分交易者一樣，你會碰到一些可怕的對立力量。例如，假設你交易的目的是從抓到大波動中，得到欣喜和陶醉、是為了讓家人和朋友刮目相看、是為了變成英雄、為了滿足對隨機報酬的沉迷、為了預測正確，或是為了跟長期獲利沒有關係的任何其他理由，那麼你會發現，其他動機的力量不但會成為妨礙，使我要你做的交易練習變得很難，而且力量可能大到使你根本無法做這個練習。

還記得不願意像其他小孩一樣跟狗互動的小男孩嗎？基本上，他決定跟兩種對立的積極信念共存，一種是具有最少能量、並非所有的狗都是危險的積極信念；另一種是帶有負面能量、所有的狗都是危險的核心信念。他有能力看出有些狗很友善，卻發現自己不可能跟狗互動，除非他有意改變，否則他的一生裡，兩種信念之間能量的失衡，都會維持這種樣子。

為了順利開始這種過程，你必須極為希望得到長期持續獲利，甚至願意放棄不符合整體信念、創造長期持續獲利程序的所有其他原因、動機或目標。如果你要利用這種程序，明確、強烈的願望是絕對必要的先決條件。

練習：學習像賭場一樣利用優勢交易

這個練習的目標是說服你，讓你相信交易只是簡單的機率（數字）遊戲，跟拉吃角子老虎的把手沒有什麼不同。從微觀的角度來看，個別優勢的結果是獨立的狀況，彼此之間只有隨機關係。從宏觀的角度來看，一系列交易的結果會產生持續一貫的成果。

從機率角度來看，這點表示你不是玩吃角子老虎的人，而是交易者，你可以變成像賭場一樣，前提是：

1. 你具有真正讓成功機率對你有利的優勢。
2. 你可以用正確的方式思考交易（五大基本事實）。
3. 你可以在一系列交易中，做你該做的每一件事情。

這樣你就會像賭場一樣，控制這種遊戲，變成長期贏家。

設定練習環境

挑選市場——選擇一種交易熱絡的股票或期貨合約，進行交易。交易的標的是什麼不重要，只要市場具有流動性，你可以拿出每筆至少交易三百股或三口期貨合約所需要的保證金。

選擇一套界定優勢的市場變數——這種變數可能是你需要的交易系統，你選擇的交易系統或方法可能是數學、機械或視覺系統（以價格圖表型態為基礎）。系統是你自己設計，還是你向別人買來的並不重要，你也不需要花很多時間或太挑剔、想要找到或發展出最好或最適當的系統。這個練習不是系統發展練習，也不是要測試你的分析能力。

事實上，大部分交易者甚至可能認為，你選擇的變數很差勁，因為你要從這個練習中學到的東西，不是看你是否真正賺錢而定。如果你把這個練習當成教育上的支出，那麼你或許可以少花一些時間和精力，尋找最能獲利的其他優勢。

你可能會覺得奇怪，為什麼我不明確地建議你採用什麼系統或變數，因為我假定讀者已經精通技術分析。如果你需要額外的協助，你可以找到幾百本跟這個主題有關的書籍，也可以找到很多非常樂意把產品賣給你的系統銷售商。

不管你採用什麼系統，都需要具備下列規範：

交易切入點——你用來定義本身優勢的變數必須絕對精確，系統必須設計成你不需要對自己的優勢是否出現，做任何主觀決定或主觀判斷。如果市場狀況符合你系統中規定的嚴格變數，你就必須交易，否則就不能交易，如此而已！公式中不能納入其他外在因素或隨機因素。

停損出場——出脫不成功的交易時，適用同樣的條件，你的方法必須能夠正確地告訴你，你需要冒多少風險，才能知道交易是否成功。交易中總是有一個最佳時點，顯示交易成功的可能性極度降低，尤其是跟潛在獲利相比時，更是如此，因此你最好認賠，排除雜念，準備從事下一筆交易。要讓市場結構決定最佳時點在哪裡，不要用你人為決定每筆交易願意冒多少資金風險的規定，作為決定因素。

總而言之，不管你採用什麼系統，系統都必須絕對正確，不需要你做主觀的決定，公式中也不能納入外在或隨機的變數。

時間架構——你的交易系統可以採用適合你的任何時間架構，但是你所有的進場與出場信號，必須用同樣的時間架構為基礎。例如，如果你採用的變數是在三十分線上，看出特定的支撐與壓力型態，那麼你計算風險與獲利目標時，也要以三十分線的架構為基礎。

然而，根據一種時間架構交易，不能阻止你利用其他時間架構，作為過濾工具。例如，你可以訂出一條交易規則，就是只配合主要趨勢的走勢進行交易，作為過濾交易的工具。交易圈中有一句銘言「趨勢是你的朋友」，這句話的意思是，你順著主要趨勢的方向交易時，成功的機率會提高。事實上，風險最低、成功機率最高的交易，都是你在上漲趨勢中逢低（支撐）買進、或是在下跌趨勢中逢高（壓力）賣出的交易。

為了說明這條規則怎麼運作，我們假設你選擇在三十分線的圖型上，精確看出支撐與壓力的方法，作為你的優勢。這條規則規定，你只配合主要趨勢的方向進行交易。市場趨勢的定義是：在漲勢市場中，一系列的高點和低點會越來越高；在跌勢市場中，一系列的高點和低點會越來越低。時間架構越長，趨勢越明顯，因此日線圖上的趨勢比三十分鐘分時走勢圖上的趨勢明顯，日線圖上的趨勢重要性超過三十分鐘的分時走勢圖，應該當成主要趨勢。

要決定主要趨勢的方向，你要看看日線圖上的變化。如果日線圖上的趨勢向上，你只能在三十分鐘分時走勢圖上，尋找你把優勢定義為支撐的轉捩點，這就是你要交易切入的地方。另一方面，如果日線圖上的趨勢向下，你只能在三十分鐘分時走勢圖上，尋找你把優勢定義為壓力水準的反彈，作為賣出時點。

在跌勢市場中，你的目標是判定當天反彈的幅度多高，卻仍然不破壞比較長期趨勢的均衡。在漲勢市場中，你的目標是決定當天賣壓有多大，卻仍然不破壞比較長期趨勢的均衡。這種當天的支撐與壓力點風險很少，因為市場不必超越支撐與壓力水準多遠，你就知道自己的交易會不會成功。

獲利——信不信由你，要變成長期獲利交易者，需要學習很多技巧，獲利很可能是其中最難學習的技巧。很多個人心理因素經常很複雜，加上個人的市場分析效果如何，都是其中的影響因素。不幸的是，釐清這麼複雜的問題，超出本書的範圍，我指出這一點，希望因為沒有賺到錢而痛罵自己的人，可以安心下來，休息一下，即使你學會了所有其他技巧，可能還要花很長的時間，才能徹底學到這一點。

不要絕望，至少還有一個方法，可以定出獲利機制，至少滿足第五條長期獲利原則的目標（市場讓我賺錢時，我會酬謝自己）。如果你要建立自己是長期贏家的信念，那麼你必須創造符合這種信念的經驗。因為這個信念的目標是持續獲利，你在賺錢的交易中怎麼獲利落袋是最重要的事情。

這點只是練習中的一環，你多少能夠判斷自己打算怎麼做。基本的假設是在獲利的交易中，你根本不知道市場會向你操作的方向移動多少，市場很少直上、直下（一九九九年秋季，那斯達克股市的很多網路股是明顯的例外）。一般說來，行情上漲後都會回跌，吃掉漲勢的一部分；行情下跌後通常都會反彈，吃掉一部分的跌勢。

這種部分反轉使交易者很難繼續抱著賺錢的交易。除非你是極為高明、極為客觀的分析師，能夠分辨正常反轉和不正常反轉之間的差別，正常反轉是指市場仍然可能向你操作的方向波動，不正常反轉是指向你操作方向進一步波動的力量大為減少，甚至完全消失。

如果你根本不知道市場會向你操作的方向波動多遠，那麼你什麼時候應該獲利、如何獲利？什麼時候的問題要看你解讀市場、挑選行情最可能停止時點的能力而定。沒有能力客觀這樣做的話，最好的行動方針是根據心理觀點，把你的部位分為三部分或四部分，在行情向你操作的方向波動時，逐漸減碼。這點表示如果你交易的是期貨合約，你每筆交易的最低部位至少是三口或四口合約。如果你交易的是股票，你持有的任何股票部位最少要能夠被三或四除盡，這樣最後才不會留下零股。

下面是我逐漸出脫賺錢部位的減碼方法，我開始交易時，尤其是在一九七九到一九八一年的頭三年裡，我會定期徹底分析自己的交易成果。我發現我很少停損出場而虧錢，一開始時，市場至少會向我操作的方向略為波動。平均說來，只有十分之一的交易立刻虧損，行情根本沒有向我操作的方向波動。另外二五％到三〇％的交易最後都虧損，市場通常會向我操作的方向波動三、四檔，然後反轉，於是我停損出場。我計算過，如果每次市場向我操作的方向波動三、四檔時，我至少出脫原有部位的三分之一，到了年底，累積的獲利應該在支付我的費用之後還綽綽有餘。我的判斷正確，一直到今天，市場讓我賺到一點獲利時，我總是毫不保留、毫不猶豫地結束一部分獲利的部位。賺多少錢才要這樣做，要看市場而定，每種例子的金額不同。例如，交易國庫公債期貨時，我賺到四檔時，會結束三分之一的部位；交易標準普爾五百種股價指數期貨時，賺到一．五到二個大點時，我會結束三分之一的部位，獲利落袋。

從事債券交易時，為了發現交易會不會賺錢，我通常不會冒超過六檔的風險。以三口合約的交易為例，實際運作的情況如下：如果我建立部位，市場走勢立刻對我不利，一開始沒有讓我至少獲利四檔，我會在虧損十八檔時停損出場。但是我說過，這種情形不常發生，比較常見的情形是交易一開始多少對我有利，然後變成虧損的交易，如果走勢讓我至少得到四檔的利潤，我會了結其中一口合約，賺進四檔的利潤。我所做的事情是把另二口合約的總風險降低十檔，如果以後市場把我的最後兩口合約停損出場，這次交易的淨虧損只有八檔。

如果我剩下的二口合約沒有遭到停損出場，市場的波動方向符合我的操作方向，我會在事前預定的獲利目標處，賣出另三分之一的部位獲利。這樣是根據一些比較長時間架構的支撐或壓力，或是根據先前明顯比較高或比較低的測試價位。我賣出第二部分的三分之一積極獲利時，也把停損價格移到原始的切入價格。現在不管最後三分之一部位發生什麼變化，我這筆交易已經賺到淨利。

換句話說，我現在擁有的是「沒有風險的機會」，不管我怎麼強調，或是出版商在這一頁上把這些話印得再大，都不足以強調你體驗到「沒有風險的機會」狀態的重要性。你創造出「沒有風險的機會」狀況時，除非發生極端少見的事情，例如突破你停損價格的漲停板或跌停板，否則你不可能虧損。如果在正常情況下，你不可能虧損，你就會體驗到用安心、開放的心態交易到底是什麼感覺。

為了說明這一點，想像你正在操作一筆獲利的交易，市場朝你操作的方向，已經波動相當一大段，但是你並沒有賣出獲利，因為你認為市場還會進一步的波動。然而，市場不但沒有進一步波動，反而回檔到你的原始切入點或很接近這一點，你在驚慌之餘，出清部位，因為你不希望讓原本賺錢的交易變成虧損。但是你一出清部位，市場立刻反向，回到原本賺錢的狀態。如果你用減碼的方法，鎖定部分利潤，讓自己處在沒有風險的機會狀態中，你根本不可能會感受到驚慌、壓力或焦慮。

我仍然剩下三分之一的部位，現在我該怎麼辦？我尋找市場波動最可能停止的地方，這點通常是比較長期時間架構中明顯的高點或低點，我在比這一點略低的地方，委託出清多頭部位，或是在比這一點略高的地方，委託出清空頭部位。我委託出清的價位略高或略低一點，是因為我不喜歡從交易中，擠出最後一點利潤，這麼多年來，我發現這樣做根本不值得。

你必須考慮的另一個因素是風險報酬比率。風險報酬比率是你必須冒的風險和獲利潛能相比的美元價值。理想的情況下，你的風險報酬比率至少應該要有三比一，這點表示，每三美元的獲利潛能中，你只冒一美元的風險，如果你的優勢和減碼方法讓你得到三比一的風險報酬比率，即使你獲利交易的比率可能低於五〇%，你仍然能夠長期賺錢。

三比一的風險報酬比率是理想狀況。然而，就這個練習的目的而言，只要你照著做，這個比率多少並不重要，你的減碼方法效率如何也不重要。市場讓你有錢可賺時，要盡你所能，賺取合理的利潤水準。每筆交易的每一部分在你獲利落袋後，都會強化你認為自己是長期贏家的信念；所有數字最後都會變得更協調，你對自己長期獲利能力的信心會變得更堅強。

根據樣本規模交易——一般交易者在情感上，對最近一次交易的結果，其實都抱著非生即死的態度。如果交易獲利，他會高興地進行下一筆交易；如果交易虧損，他會開始質疑自己的優勢是否有效。為了看出什麼變數有用、效果有多好，什麼變數沒有用，我們需要一種有系統的方法，需要一種不考慮任何隨機變數的方法。這點表示，我們必須把成功或失敗的定義，從一般交易者有限的逐筆交易觀點，擴大到二十筆交易以上的樣本規模。

你認定的任何優勢，都要以若干數量有限的市場變數為基礎，或是以衡量市場漲跌幅度變數之間的關係為基礎。從市場觀點來看，每一位有能力進行交易的人，都可能是影響價格波動的力量，因此都是一個市場變數。沒有一種優勢或技術分析系統能夠考慮每一位交易者和他交易的原因，因此，任何一套界定優勢的市場變數都像快照或流動性很高的東西，只能掌握所有可能性中的一小部分。

你把任何一套變數應用在市場上時，這些變數在相當長的期間裡可能很有效，但是經過一段時間後，你可能發現這些變數的效率下降。這種情形是因為所有市場參與者互動的基本動態改變。新交易者帶著自己獨一無二，什麼是高點、什麼是低點的觀念進入市場，還有別的交易者離開市場，這些變化會一點一滴地影響市場波動的基本動態，沒有一種快照（僵硬的一套變數）能夠考慮這些微妙的變化。

你可以利用根據樣本規模交易的方法，補救市場波動基本動態的微妙變化，仍然維持長期獲利。你的樣本規模必須大到能夠讓你的變數，經過公平而適當的測試，同時小到你的變數效率降低時，你可以在遭受嚴重虧損前看出來。我發現，至少二十筆交易的樣本規模，可以滿足這兩種要求。

測試——你決定一套符合這些規定的變數後，需要進行測試，看看這些變數的效果如何。如果你擁有適當的測試軟體，你很可能已經熟悉這種程式。如果你沒有測試軟體，你可以事先測試，或是委託測試公司代勞。總之，請記住，這個練習的目標是把交易當成工具，好像你是賭場老闆一樣，學習根據市場觀點客觀思考。現在你的系統基本表現如何不很重要，但是你必須十分了解可以期望得到什麼樣的盈虧比率（你的樣本規模中獲利交易與虧損交易次數之比）。

接受風險——這個練習的要求之一，是你事前完全清楚你的二十筆樣本交易中，每一筆交易有多少風險。你已經知道，了解風險和接受風險是兩回事，我希望你儘量安心地看待這種練習中你冒的風險價值。因為這個練習需要你利用二十筆交易的樣本規模，你可能碰到二十筆交易都虧損的可能風險，這種情形顯然是最糟糕的狀況。你的二十筆交易也可能全都獲利，這種情形只是一種可能性，卻不太可能發生。因此你安排練習時，應該能夠接受所有二十筆交易都虧損的風險價值。

例如，如果你交易標準普爾指數期貨，你的優勢可能要求你每口合約冒三大點的風險，以便了解交易是否成功。因為這個練習規定你每筆交易，至少要交易三口合約，如果你交易大型合約，每筆交易要冒的所有風險價值為二千二百五十美元。如果二十筆交易都虧損，你冒的風險總價值為四萬五千美元，你對這種練習要冒四萬五千美元的風險，可能不會安心。

如果你不能安心，你可以交易標準普爾迷你合約，降低風險價值。這種合約的價值只有大合約的五分之一，因此每筆交易的風險價值降為四百五十美元，二十筆交易的全部風險降為九千美元。如果你交易股票，你也可以這樣做，你可以把每筆交易的股數降低，到你對二十筆交易的風險總值覺得安心為止。

我不希望你為了安心，改變你已經建立的風險標準。如果根據你的研究，你交易標準普爾指數合約時，任何市場背離你的優勢三點，最適於讓你知道你是否值得繼續保留部位，那麼就繼續維持三點的標準，除非你從技術分析觀點，認定改變有理，才改變這個變數。

如果你已經盡力降低部位規模，卻發現你對所有二十筆交易都虧損的累積風險價值，仍然不能安心，那麼我建議你到模擬經紀商那裡去做練習。在模擬經紀商交易，買賣程序的一切，包括買進、賣出和經紀商發的成交明細表，都和真正的經紀商完全相同，只是交易並沒有實際進入市場。因此，你實際上不必拿錢去冒險。模擬經紀商是在真正的市場狀況中，進行即時交易的好地方，也是先行測試交易系統的好地方。

進行練習——你有一套符合上面所說條件的變數時，你十分清楚每筆交易要花多少成本，才能知道交易會不會成功，你有獲利落袋的計畫，知道從樣本規模中，可以期望什麼樣的盈虧比率，那麼你就做好了準備，可以開始交易了。

規則很簡單，就是完全根據你設計的系統進行交易。這點表示你必須下定決心，至少在未來你的優勢出現二十次的狀況中進行交易——不只是進行下一筆交易或隨後幾筆交易，而是不管情況如何，所有二十次機會都要進行交易。在你完成所有的樣本交易前，你不能分心、不能受任何外在因素影響，或利用這些因素改變你界定優勢的變數。

你根據界定本身優勢的嚴格變數、相當固定的機率，又下定決心進行樣本規模中的每一筆交易，完成整個練習後，就會創造出模仿賭場營運的交易系統。賭場為什麼能夠在結果隨機的事件上長期賺錢？因為他們知道在一系列的事件後，機率對他們有利。他們也知道，要實現對他們有利的機率，他們必須參與每一次的賭法，不能事先想預測每一種賭法的結果，選擇性的參與一部分二十一點、輪盤賭或擲骰子的賭法。

如果你相信五大基本事實，也認為交易只是機率遊戲，跟拉吃角子老虎的拉桿沒有什麼不同，那麼你就會發現這個練習很輕鬆，因為你希望貫徹決心，進行樣本規模中的每一筆交易，而且你對交易紀律本質的信念會極為和諧，因此，你心中不會有恐懼、抗拒或讓你分心的思想，你需要這樣做時，有什麼東西能夠阻止你、讓你不能毫無保留或猶豫照你需要的方式去做？絕對沒有東西能夠阻止你！

另一方面，你可能還沒有想到，這個練習會在你希望根據機率客觀思考的願望，以及跟這種願望衝突的所有內心力量之間，產生直接衝突。你做這個練習會碰到的困難，會和這種衝突存在的程度成正比，你多多少少會感受到，和我在上一段中描述的經驗正好相反的經驗，如果你發現自己最初的幾次練習幾乎不可能進行下去，不必驚訝！

你怎麼處理這種衝突？要檢視自己、利用自律技巧，把注意力重新放在你的目標上。寫下**五大基本事實**和**長期獲利的七大原則**，在你進行交易時，隨時都放在你前面，經常信心十足地自行記誦。每次你注意到你的思考不符合這些事實或原則時，要承認其中的衝突。不要設法否認對立力量存在的事實，這些力量只是你心理因素中的一部分，可想而知，這些力量會努力主張自己所代表的事實。

碰到這種情形時，你要正確地把注意力放在你希望達成的目標上。如果你的目標是客觀思考、打斷聯想過程（以便你可以留在當下機會流程中）；如果你克服擔心犯錯、虧損、錯過機會、賺不到錢的恐懼，你就可以不再犯錯，會開始信任自己，那麼你會十分清楚自己需要做什麼。儘量遵守你交易系統的規定，做規則要求你做的事情，同時注意五大基本事實，最後這種作法會解決你和交易真正本質有關的所有衝突。

你每次做的事情證實五大基本事實中任何一點時，就會把對立信念的能量抽出，增加機率信念的能量，提高你創造長期獲利的能力。最後，你的新信念會變得極為有力，使你不必刻意耗費精神，就能夠用符合目標的方式思考和行動。

如果你能夠完成至少二十筆的樣本規模交易，沒有碰到任何問題、阻力，或讓你分心的思想，使你無法完全做到機械系統要求你做到的事情，你會肯定根據機率思考的做法，已經變成你認同中實用的部分。這時，只有到了這種時候，你才算做好準備，可以追求更高級的目標，或是進入直覺交易階段。

獲勝的時刻來臨

事前不要判斷要花多少時間，才能完成至少一個樣本規模的交易，要遵循你的交易計畫，不要分心或猶豫不決、不採取行動，該花多少時間就花多少時間。如果你希望變成職業高爾夫球選手，努力打高爾夫球一萬次以上，到你揮桿動作的精確組合極為深入地銘刻在你的肌肉記憶裡，使你再也不用刻意思考揮桿動作，應該是一般常見的作法。

你練習打高爾夫球時，並非和贏得大型巡迴賽的高手真正比賽，你練習擊球，是因為你相信技巧的學習和練習會幫助你獲勝；這和學習成為長期獲利的交易者沒有什麼不同。

我希望你財運興隆，也願意「祝你好運」，但是如果你利用學到的正確技巧操作，實際上，你再也不需要好運幫忙你了。

交易態度調查表

□ 1. 從事交易要獲利，你必須知道市場的下一步走勢。

□ 2. 有時候，我認為一定有一種方法可以進行交易，卻不必認賠。

□ 3. 從事交易賺錢，是分析的主要功能。

□ 4. 虧損是交易中無可避免的一環。

□ 5. 我進行交易前，風險總是確定。

□ 6. 我認為要看出市場下一步的可能走勢，總是需要成本。

□ 7. 如果我不確定下一次交易會不會賺錢，我甚至不會開始交易。

□ 8. 交易者越了解市場和市場行為，交易起來越輕鬆。

□ 9. 我的方法正確地告訴我，在什麼市場狀況下應該進行交易或結束交易。

□ 10. 即使我看到應該反向操作的明確信號，實際做起來還是極為困難。

□ 11. 我的資金曲線總是有一段時間能保持持續上漲，然後就會急劇下跌。

□ 12. 我會說自己最早開始交易時，採用隨意的方法，意思是經歷很多痛苦後偶爾會成功。

□ 13. 我經常覺得市場跟我作對。

□ 14. 我雖然努力「忘記」，卻發現自己很難忘掉過去的情感傷口。

□ 15. 我的資金控管哲學基本原則是在市況容許時，總是把一部分的資金從市場中抽出來。

□ 16. 交易者的任務是看出代表機會的市場行為型態，再了解這種型態會不會像過去一樣發展，據以判斷風險的高低。

□ 17. 我有時候就是忍不住覺得自己受到市場傷害。

□ 18. 我交易時，通常會設法專注一種時間架構。

□ 19. 交易要成功，需要的心理彈性遠超過大部分人的能力範圍。
□ 20. 有時候，我可以明確覺得市場的流動狀況，然而，我經常很難根據這種感覺採取行動。
□ 21. 我經常在交易處於獲利狀態時，知道波動基本上已經結束，卻仍然不願意獲利了結。
□ 22. 不管我一次交易賺多少錢，卻很少覺得滿足，認為自己應該可以賺更多錢。
□ 23. 我進行交易時，覺得自己抱著積極的態度，也積極地預期會從交易中賺到很多錢。
□ 24. 交易者長期賺錢的能力中，最重要的因素是相信自己的持續能力。
□ 25. 如果賜給你一個願望，讓你能夠立刻學會一種交易技巧，你會選擇什麼技巧？
□ 26. 我經常因為擔心市場狀況而失眠。
□ 27. 你是否曾經覺得自己因為擔心錯過機會，被迫進行交易？
□ 28. 我的確希望自己的交易完美無缺，只是這種情形不常發生，我做出完美的交易時，感覺非常好，彌補了所有不完美交易的缺憾。

□

29. 你是否發現自己曾經規劃過一些交易，卻從來沒有進行；你是否也發現自己進行根本沒有規劃過的交易？

30. 請用幾句話說明，為什麼大部分交易者不是賺不到錢，就是不能保住自己賺到的錢。

ACKNOWLEDGMENTS

I would especially like to thank all of the traders who bought the signed limited edition manuscript of the first seven chapters of this book. Your feedback gave me the inspiration to add the additional four chapters.

Next, I would like to thank fellow traders Robert St. John, Greg Bieber, Joe Cowell, and Larry Pesavento for their friendship and the special ways in which each of them contributed to the development of this book.

I would also like to acknowledge my friend, Eileen Bruno, for editing the original manuscript; Barry Richardson, Development Editor at Prentice Hall, for his help in shaping the preface; and Thom Hartle, for graciously writing the foreword. Their time and talent are greatly appreciated.

賺錢，再自然不過

心理學造就90%股市行情，交易心理分析必讀經典

Trading in the Zone: Master the Market with Confidence, Discipline and a Winning Attitude

---

作　　者　馬克・道格拉斯（Mark Douglas）
譯　　者　劉真如
主　　編　郭峰吾

總 編 輯　李映慧
執 行 長　陳旭華（steve@bookrep.com.tw）

社　　長　郭重興
發 行 人　曾大福
出　　版　大牌出版／遠足文化事業股份有限公司
發　　行　遠足文化事業股份有限公司
地　　址　23141新北市新店區民權路108-2號9樓
電　　話　+886-2-2218 1417
傳　　真　+886-2-8667 1851

封面設計　萬勝安
排　　版　藍天圖物宣字社
印　　製　成陽印刷股份有限公司
法律顧問　華洋法律事務所 蘇文生律師

定　　價　420元
初　　版　2011年3月
五　　版　2023年4月

國家圖書館出版品預行編目（CIP）資料

賺錢，再自然不過：心理學造就 90%股市行情，交易心理分析必讀經典／馬克・道格拉斯 著；劉真如 譯. -- 五版. -- 新北市：大牌出版，遠足文化事業股份有限公司，2023.4
312 面；14.8×21 公分
譯自：Trading in the Zone: Master the Market with Confidence, Discipline and a Winning Attitude
ISBN 978-626-7305-21-8（平裝）
1. 股票投資　2. 投資分析

563.53　　　　　112005019